ESPANHOL ESSENCIAL

Berlitz Falando sua língua

ESPANHOL ESSENCIAL

MARÍA AMPARO PEREZ ROCH

TRADUÇÃO
STELLA MARIS BAYGORRIA

martins fontes
selo martins

© 2014 Martins Editora Livraria Ltda., São Paulo, para a presente edição.
© Berlitz Publishing/APA Publications GmbH & Co. Verlag KG, Cingapura.
Todos os direitos reservados.
Berlitz Trademark Reg. US Patent Office and other countries. Marca Registrada.
Used under license from Apa Publications (UK) Ltd

Publisher	Evandro Mendonça Martins Fontes
Coordenação editorial	Vanessa Faleck
Produção editorial	Danielle Benfica
	Heda Maria Lopes
Design da capa	Marcela Badolatto
Design do miolo	Claudia Petrilli
	Datagrafix, Inc.
Ilustrações	Elizabeth Gaynor
	Datagrafix, Inc.
Diagramação	Entrelinhas Editorial
	Studio 3
Revisão	Juliana Amato Borges
	Renata Sangeon

1ª edição janeiro/2014 **Fonte** Arial **Papel** Offset 90 g/m²
Impressão e acabamento Yangraf

Dados Internacionais de Catalogação na Publicação (CIP)
(Câmara Brasileira do Livro, SP, Brasil)

Perez Roch, María Amparo
  Espanhol essencial / María Amparo Perez Roch; traduzido por Stella Maris Baygorria. – 1. ed. – São Paulo : Martins Fontes – selo Martins, 2013. (Série essencial)

Título original: Essential Spanish
ISBN: 978-85-8063-118-0

1. Espanhol – Estudo e ensino I. Título.
II. Série

13-10584   CDD-460.7

Índices para catálogo sistemático:
1. Espanhol : Estudo e ensino 460.7

Nenhuma parte desta obra pode ser reproduzida, armazenada em sistema de recuperação ou transmitida de nenhuma forma ou meio eletrônico ou mecânico, inclusive por fotocópia, gravação ou outro, sem a prévia permissão por escrito de APA Publications.

Todos os direitos desta edição no Brasil reservados à
Martins Editora Livraria Ltda.
Av. Dr. Arnaldo, 2076
01255-000 São Paulo SP Brasil
Tel. (11) 3116 0000
info@emartinsfontes.com.br
www.martinsfontes-selomartins.com.br

ÍNDICE

INTRODUÇÃO	**xiii**
Como utilizar este livro	xiii
A estrutura do livro	xiv
Guia de pronúncia	xv

LIÇÃO 1 ¡HOLA! / OI!   1

Gramática / Gramática	2
1. Preguntas y respuestas / Perguntas e respostas	2
2. Sí o no / Sim ou não	3
3. Un o una / Um ou uma	4
4. Unos, unas; algunos, algunas / Uns, umas; alguns, algumas	5
5. El, la; los, las / O, a; os, as	5
6. Pronombres personales / Pronomes pessoais	5
Vocabulario / Vocabulário	6
Ejercicios / Exercícios	7

LIÇÃO 2 PRESENTACIONES / APRESENTAÇÕES   9

Gramática / Gramática	11
1. (Yo) soy, (yo) no soy / (Eu) sou, (eu) não sou	11
2. (Tú) eres, usted es – (Tú) no eres, usted no es / Você é, o senhor é – Você não é, o senhor não é	11
3. Él es, él no es / Ele é, ele não é	13
4. Ella es, ella no es / Ela é, ela não é	14
5. Español, española / Espanhol, espanhola	15
6. Verbo SER y verbos terminados en -ar / Verbo SER e verbos terminados em -ar	17
7. Verbos regulares terminados en -ar / Verbos regulares terminados em -ar	18
8. Este, ese, aquel / Este, esse, aquele	19
Vocabulario / Vocabulário	20
Ejercicios / Exercícios	21

Índice

LIÇÃO 3 ANITA VA DE VIAJE / ANITA VAI VIAJAR 22

Gramática / Gramática 24
1. Tengo, no tengo / Tenho, não tenho 25
2. Tienes, no tienes / Você tem, você não tem 25
3. (Usted) tiene, (usted) no tiene / (O senhor, você) tem, (o senhor, você) não tem 25
4. Tenemos, no tenemos / Nós temos, nós não temos 25
5. Tenéis, no tenéis / Vocês têm, vocês não têm 26
6. (Ustedes) tienen, (ustedes) no tienen / (Os senhores, vocês) têm, (os senhores, vocês) não têm 26
7. ¿Masculino o femenino? / Masculino ou feminino? 26
8. Pero, otro, mucho / Mas, outro, muito 28
9. Verbos / Verbos 29

Vocabulario / Vocabulário 33
Ejercicios / Exercícios 34

LIÇÃO 4 HABLANDO POR TELÉFONO / FALANDO AO TELEFONE 36

Gramática / Gramática 38
1. El plural / O plural 38
2. Hay / Há 38
3. Es, Está / É, está 39
4. Las preposiciones / As preposições 39
5. Verbo + a + persona / Verbo + a + pessoa 40
6. De / De 40
7. En / Em 41
8. Números / Números 42
9. ¿Qué hora es? / Que horas são? 42
10. Verbos poder, poner, empezar, querer, preferir / Verbos poder, pôr, começar, querer, preferir 44

Vocabulario / Vocabulário 45
Ejercicios / Exercícios 46

LIÇÃO 5 EL JEFE Y EL EMPLEADO / O CHEFE E O FUNCIONÁRIO 48

Gramática / Gramática 50
1. Saber y conocer / Saber e conhecer 50

Índice

2. Poder / Poder	51
3. Verbos / Verbos	51
4. Más números / Mais números	53
5. ¿Cuánto, cuánta?; ¿cuántos, cuántas? / Quanto?, quanta?; quantos?, quantas?	53
6. Las preguntas / As perguntas	54
7. Adjetivos irregulares / Adjetivos irregulares	54
8. Posesivos / Possessivos	55
9. Estar + gerundio / Estar + gerúndio	56
10. Verbos reflexivos / Verbos reflexivos	57
11. El imperativo / O imperativo	58
Vocabulario / Vocabulário	60
Ejercicios / Exercícios	61

LIÇÃO 6   REVISÃO: LIÇÕES 1-5 — 63

Diálogos 1-5	63
Vocabulário extra	69
Ejercicios / Exercícios	69

LIÇÃO 7   ¿QUÉ QUIEREN TOMAR? / O QUE VÃO QUERER? — 72

Gramática / Gramática	74
1. Pensar, creer, acabar / Pensar, acreditar, acabar	74
2. Me interesa, me gusta, me encanta / Interessa-me, gosto de, adoro	75
3. Y, o / E, ou	77
4. Mañana por la mañana / Amanhã de manhã	77
5. Para mí / Para mim	78
6. Algo, nada; alguien, nadie; siempre, nunca / Algo, nada; alguém, ninguém; sempre, nunca	78
7. Números desde 130 / Números a partir de 130	79
Vocabulario / Vocabulário	81
Ejercicios / Exercícios	82

LIÇÃO 8   EN UN HOTEL / EM UM HOTEL — 85

Gramática / Gramática	87
1. Más adjetivos posesivos / Mais pronomes possessivos	87

Índice

   2. Dar, servir, ver / Dar, servir, ver   87
   3. Primero al décimo / Primeiro ao décimo   89
   4. Formas de tratamiento / Formas de tratamento   90
   5. Me gustaría / Gostaria de   90
   6. Mucho, mucha / muito, muita   91
   7. Poco, poca; demasiado, demasiada /
      Pouco, pouca; demais, muito, muita   91
   8. Lo + adjetivo / O + adjetivo   92
Vocabulario / Vocabulário   92
Ejercicios / Exercícios   93

LIÇÃO 9 DAVID VA A LA OFICINA DE CORREOS / DAVID VAI AO CORREIO   96

Gramática / Gramática   98
   1. Hace falta, hay que, tengo que, debo /
      É preciso, é necessário; tem de, tenho de, devo   98
   2. Complemento directo / Complemento direto   99
   3. Leer, mirar, buscar, escuchar, pedir /
      Ler, olhar ou ver, procurar, escutar, pedir   100
   4. Para y por / Para e por   101
 5. El imperfecto de indicativo / O pretérito imperfeito do indicativo   103
   6. Morfología del imperfecto / Morfologia do pretérito imperfeito   103
Vocabulario / Vocabulário   105
Ejercicios / Exercícios   106

LIÇÃO 10 ¿QUÉ TIEMPO HACE? / COMO ESTÁ O TEMPO?   108

Gramática / Gramática   110
   1. Los meses y las estaciones / Os meses e as estações   110
   2. ¿Qué tiempo hace? / Como está o tempo?   111
   3. Pronombres interrogativos y relativos /
      Pronomes interrogativos e relativos   111
   4. El pretérito indefinido de indicativo / O pretérito
      perfeito do indicativo   112
   5. Superlativo / Superlativo   115
Vocabulario / Vocabulário   116
Ejercicios / Exercícios   117

LIÇÃO 11 TRAJERON TODO LO NECESARIO / TROUXERAM TUDO O QUE ERA NECESSÁRIO 119

Gramática / Gramática 121
1. Verbos irregulares en el pretérito indefinido de indicativo / Verbos irregulares no pretérito perfeito do indicativo 121
2. Los colores / As cores 122
3. Tratamiento informal: tú y vosotros / Tratamento informal: "tú" e "vosotros" 122
4. Complemento indirecto / Complemento indireto 123
5. El que, los que; la que, las que; el cual, los cuales; la cual, las cuales / O que, os que; a que, as que; o qual, os quais; a qual, as quais 124
6. El acento gráfico / O acento gráfico 125

Vocabulario / Vocabulário 125
Ejercicios / Exercícios 127

LIÇÃO 12 REVISÃO: LIÇÕES 7-11 129

Diálogos 7-11 129
Ejercicios / Exercícios 134

LIÇÃO 13 ¿DÓNDE ESTÁ, POR FAVOR? / ONDE FICA, POR FAVOR? 138

Gramática / Gramática 140
1. El pretérito perfecto de indicativo / O "pretérito perfecto" do indicativo do espanhol 140
2. Los participios irregulares / Os particípios irregulares 142
3. Las preposiciones II / As preposições II 143
4. Los puntos cardinales / Os pontos cardeais 143
5. La comparación / A comparação 143
6. Comparativos y superlativos irregulares / Comparativos e superlativos irregulares 144

Vocabulario / Vocabulário 145
Ejercicios / Exercícios 146

LIÇÃO 14 ¿CÓMO ESTÁ LA FAMILIA? / COMO VAI A FAMILIA? — 149

Gramática / Gramática — 152
1. Los adverbios / Os advérbios — 152
2. El gerundio / O gerúndio — 154
3. El pluscuamperfecto / O pretérito mais-que-perfeito — 155
4. La familia / A família — 156

Vocabulario / Vocabulário — 157
Ejercicios / Exercícios — 160

LIÇÃO 15 LA BUSCO DESDE HACE MEDIA HORA / ESTOU PROCURANDO-A HÁ MEIA HORA — 163

Gramática / Gramática — 165
1. La edad / A idade — 165
2. Desde / Desde — 166
3. Desde hace / Há ou faz — 166
4. Desde hacía / Havia ou fazia — 166
5. El futuro / O futuro — 167
6. El condicional / O condicional — 169
7. Los posesivos / Os possessivos — 170

Vocabulario / Vocabulário — 172
Ejercicios / Exercícios — 172

LIÇÃO 16 REVISÃO: LIÇÕES 13-15 — 176

Diálogos 13-15 — 176
Ejercicios / Exercícios — 180

LIÇÃO 17 ¿QUÉ ME PASA? / O QUE ESTÁ ACONTECENDO COMIGO? — 184

Gramática / Gramática — 187
1. Tú; usted; vosotros, vosotras; ustedes / Você; o senhor, a senhora; vocês; os senhores, as senhoras — 187
2. Complementos directo e indirecto y pronombres reflexivos / Complementos direto e indireto e pronomes reflexivos — 189

3. Me duele la cabeza / A minha cabeça está doendo 190
4. El imperativo II / O imperativo II 190
5. Ni... ni... / Nem... nem... 193
Vocabulario / Vocabulário 194
Ejercicios / Exercícios 195

LIÇÃO 18 ¿QUÉ DESEA? / O QUE DESEJA? 198

Gramática / Gramática 200
1. El presente de subjuntivo: formas regulares / 200
   O presente do subjuntivo: formas regulares
2. El presente de subjuntivo: formas irregulares / 201
   O presente do subjuntivo: formas irregulares
3. El uso del subjuntivo tras algunos verbos / 202
   O uso do subjuntivo após alguns verbos
4. El uso del subjuntivo tras: cuando, hasta que, en cuanto, 204
   antes de que / O uso do subjuntivo após: quando,
   até que, assim que, antes que
5. Expresiones impersonales / Expressões impessoais 204
6. ¡Todo lo contrario! / Pelo contrário! 205
Vocabulario / Vocabulário 206
Ejercicios / Exercícios 207

LIÇÃO 19 ¡BUEN PROVECHO! / BOM APETITE! 209

Gramática / Gramática 212
1. El presente de subjuntivo tras un antecedente indefinido / 212
   O presente do subjuntivo após um antecedente indefinido
2. El presente de subjuntivo tras un antecedente negativo / 213
   O presente do subjuntivo após um antecedente negativo
3. El presente de subjuntivo tras "quizá(s)" y "tal vez" / 213
   O presente do subjuntivo após "talvez"
4. El presente de subjuntivo tras "no creer, no decir, dudar" / 213
   O presente do subjuntivo após "não acreditar, não dizer,
   duvidar"
5. El presente de subjuntivo tras "para que" / O presente do 213
   subjuntivo após "para que"
6. El pretérito perfecto de subjuntivo / O "pretérito 214
   perfecto" do subjuntivo

7. El imperativo: posición del pronombre / 214
   O imperativo: posição do pronome
Vocabulario / Vocabulário 215
Ejercicios / Exercícios 216

LIÇÃO 20 REVISÃO: LIÇÕES 17-19 — 219

Diálogos 17-19 219
Ejercicios / Exercícios 223

RESPOSTAS DOS EXERCÍCIOS — 228

GLOSSÁRIO — 244

INTRODUÇÃO

Se você nunca estudou espanhol ou precisa relembrar o que já aprendeu, o *Berlitz Espanhol Essencial* traz as ferramentas e as informações necessárias para que você possa falar essa língua de forma fácil e eficaz. Além disso, este material foi pensado para permitir que você estude segundo o seu próprio ritmo e conforme suas habilidades.

* Os diálogos bilíngues e espontâneos, interpretados por falantes nativos de língua espanhola, descrevem situações cotidianas com as quais você vai se deparar quando viajar a um país estrangeiro.

* O guia fonético facilita a pronúncia das palavras em espanhol e permite que você aprenda os sons da língua através do CD que acompanha este livro.

* A gramática básica é ensinada a partir de frases e orações reais que o ajudarão a desenvolver, de forma instintiva, uma gramática correta, sem precisar estudar longas listas de regras e exceções.

* A seção de exercícios no fim de cada lição propicia a consolidação do aprendizado e lhe dá a oportunidade de perceber os pontos fortes e fracos, permitindo, assim, um estudo mais eficiente.

* A última atividade de cada lição corresponde a uma proposta on-line, que permite a aplicação do que foi aprendido em um contexto real.

* O glossário no fim oferece uma referência fácil com todas as palavras utilizadas durante o curso.

COMO UTILIZAR ESTE LIVRO

A melhor maneira de aprender uma língua é através do estudo diário. Decida quanto tempo você pode dedicar ao estudo do *Espanhol Essencial* por dia: você pode completar duas lições ou ter apenas meia hora de estudo. Determine uma meta diária realista, de acordo com suas possibilidades, que possa ser cumprida facilmente e que englobe um plano de estudar um assunto novo e revisar o antigo. Quanto mais frequente for a sua exposição à língua, melhores serão seus resultados.

Introdução

A ESTRUTURA DO LIVRO

* Escute atentamente o diálogo no começo de cada lição. Siga-o devagar e com cuidado, verificando a tradução e o guia de pronúncia.

* Você também encontrará seções de vocabulário neste livro, em nossa página on-line, assim como áudios para download gratuito. Acesse http://www.berlitzpublishing.com para fazer o download do áudio bônus.

* Após ouvir e ler o diálogo e a seção de vocabulário o suficiente para captar o significado das palavras e os sons, leia a seção de gramática. Preste bastante atenção em como são construídas as orações. Feito isso, leia e ouça o diálogo novamente.

* Quando estudar a lista de vocabulário, é conveniente escrever as palavras em um caderno. Isso vai ajudá-lo a lembrar, cada vez mais, tanto a ortografia das palavras quanto o significado. Além disso, você poderia elaborar e escrever uma frase inteira incluindo a palavra.

* Tente fazer os exercícios sem recorrer ao diálogo. Depois, volte e verifique suas respostas com o diálogo ou consulte as respostas dos exercícios ao final do livro. Repetir os exercícios também pode ajudar bastante.

* A última atividade de cada lição inclui uma proposta on-line, na qual você pode aplicar o conhecimento de espanhol adquirido, realizando atividades reais em língua estrangeira. Os sites foram selecionados para ajudá-lo não só a aplicar o vocabulário e as expressões aprendidas, mas também a conhecer novos conteúdos culturais e gramaticais.

Acesse http://www.berlitzpublishing.com e vá à seção de download para ver as atividades extras.

A sua dedicação às lições do curso *Berlitz Espanhol Essencial* permitirá a consolidação rápida do aprendizado da língua espanhola de acordo com seu ritmo. Neste livro, você vai encontrar tudo o que precisa saber para comunicar-se efetivamente nessa língua e, além disso, estará amplamente preparado para aperfeiçoar o espanhol com fluência.

Vale acrescentar que a língua espanhola é muito rica e possui diversas variantes. Neste livro, para facilitar a apresentação, a variante utilizada como referência é a do espanhol da Espanha, mais especificamente do centro. No entanto, para não perder a riqueza da língua, durante as explicações são feitos comentários sobre questões culturais, gramaticais e lexicais de outras variantes. Da mesma forma, a língua portuguesa usada como referência para as traduções é a da cidade de São Paulo, o que não desconsidera as demais variantes dessa língua. Lembre-se de que nenhuma variante é melhor do que a outra, pois cada uma tem suas riquezas e especificidades, mas, para que você possa se mover facilmente pelo mundo hispânico, aqui são apresentadas questões comuns a todo ele.

Introdução

GUIA DE PRONÚNCIA

Para que haja uma comunicação eficaz em uma língua estrangeira, além de conhecer as questões gramaticais e lexicais, é necessário saber pronunciar bem as palavras. Para isso, você deve se familiarizar com os sons da língua estrangeira que está aprendendo. Para facilitar esse aprendizado, durante as cinco primeiras lições aparece entre parênteses uma transcrição fonética simplificada, que indicará a forma aproximada da pronúncia da frase ou palavra em língua espanhola.

Vale lembrar que, como já mencionado, a língua espanhola é rica em variedades e, portanto, questões de pronúncia mudam de acordo com a região em que se fala a língua. No entanto, para que você tenha um modelo mais de acordo com a variante adotada neste material, indicaremos a pronúncia mais aproximada à realização espanhola, embora na maioria das variantes da língua espanhola alguns sons sejam neutralizados. **Sa**, **se**, **si**, **so**, **su**, assim como **za**, **zo**, **zu** e **ce**, **ci**, por exemplo, são neutralizados e pronunciados como *s*.

A transcrição fonética apresentada neste livro não corresponde àquela que os foneticistas usam em seus estudos, de acordo com o Alfabeto Fonético Internacional, mas indica uma forma aproximada dos sons, que você deve ler como se fossem em língua portuguesa.

Em um primeiro momento, você não precisa memorizar a transcrição fonética. Tente, simplesmente, ler em voz alta as palavras e treinar a pronúncia. A língua espanhola possui uma pronúncia muito próxima à escrita, ao contrário da língua portuguesa. O guia de pronúncia serve de apoio para a produção dos sons básicos de cada palavra. O acento e o ritmo da língua podem ser praticados utilizando os áudios que compõem este material. Para facilitar a compreensão da transcrição fonética, leve em consideração as seguintes indicações.

Sobre as vogais

Um aspecto muito importante da pronúncia em espanhol é seu sistema de tonicidade. O único acento gráfico (que aparece na escrita) em espanhol é o agudo (´), que tem a função de indicar a sílaba tônica, nunca servindo para abrir ou fechar as vogais, que devem ser sempre fechadas. Assim, **café** se pronuncia *kafê*, bem como **português** se pronuncia *pôrtughês*.

Observe que o acento tônico em espanhol cai naturalmente na última sílaba quando a palavra termina em consoante, exceto **n** e **s**. Quando uma palavra termina em vogal (**a**, **e**, **i**, **o**, **u**) ou **n** ou **s**, a sílaba tônica cai naturalmente na penúltima sílaba. Quando acontecerem exceções a essa regra, utiliza-se o acento gráfico (escrito). Para facilitar a percepção da sílaba tônica, na transcrição ela aparecerá sublinhada, exceto

Introdução

quando a palavra for monossílaba (uma sílaba só). Assim, **traducir** se pronuncia tradu*θir*, e **hablar** se pronuncia a*blar*.

Não se esqueça: todas as vogais devem ser pronunciadas fechadas e o acento gráfico (escrito) (´) só indica a sílaba tônica. No entanto, para ajudá-lo a lembrar que não deve abrir a vogal, na transcrição será indicado o fechamento com o símbolo (^). Assim, **español** se pronuncia *êspánhôl*.

As vogais são pronunciadas com todas as suas características fonéticas, e isso determina o ritmo da língua. Portanto, não as nasalize quando estão antes de consoantes nasais, nem as ensurdeça quando estiverem no final das palavras. Elas devem ser pronunciadas como estão escritas: **a**, **e**, **i**, **o**, **u**. Para você se lembrar desse aspecto, as vogais que não devem ser nasalizadas, principalmente o **a**, como em **mañana**, serão indicadas com o símbolo (´): *mánhána*. As demais, que não devem sofrer alteração de som, serão transcritas com o símbolo (^), como em **campo**: *kámpô* e **esto**: *êstô*.

Os ditongos **ai**, **au**, **ei**, **ia**, **ie**, **ua**, **ue** e **eu** são transcritos como *ay*, *aw*, *ey*, *ya*, *ye*, *wa*, *we* e *ew*, como em **nueve**: *nwêbê* e **viernes**: *byêrnês*. Quando **i** e **u** não forem semivogais na composição de ditongos, mas vogais na composição de hiatos, serão transcritos como *i* e *u*, como em **todavía**: *tôdabia* e **acentúo**: *aθêntuô*. Preste atenção na indicação da sílaba tônica através do sublinhado.

Sobre as consoantes

Muitas consoantes são pronunciadas como no português e não causam problemas para o estudante, mas devemos prestar atenção em algumas diferenças importantes entre a pronúncia em língua espanhola e em língua portuguesa.

Consoante	Considerações sobre a pronúncia e a transcrição aproximada	Exemplo	Pronúncia aproximada
B, V	Em espanhol, ambas as consoantes, após a consoante nasal **m** e no começo da palavra, são pronunciadas como *b*. Entre vogais e após outros sons consonantais, devem ser pronunciadas mais suavemente, sem encostar os lábios. Na transcrição, as duas posições serão transcritas como *b*, mas você deve considerar este aspecto.	**bella** **abuela** **vale** **enviar**	*bêlha* *abwêla* *balê* *ênbyar*

C, Z, S	C acompanhado de **a**, **o**, **u**, é pronunciado como **k**. Diante de **e** e **i**, embora em muitas zonas hispânicas seja pronunciado como **s**, neste material será transcrito como se realiza na maioria da Espanha, ou seja, como som interdental (com a ponta da língua entre os dentes), com o símbolo fonético θ.	**casa** **aceite** **cien** **comida** **cuadro**	_ka_ssa a_θê_ytê θyên kô_mi_da _kwa_drô
	Z acompanhado de **a**, **o**, **u**, na maioria da Espanha, também é interdental e também será transcrito como θ.	**lazo** **azúcar**	_la_θô a_θu_kar
	S deve ser pronunciado como som sibilante e forte, ao contrário do português, que possui vários sons. No início da palavra ou final de sílaba será transcrito como *s*, e como núcleo silábico será transcrito como *ss*, para você se lembrar de pronunciá-lo bem.	**casado** **asar** **estas** **sieta**	ka_ss_adô a_ss_ar ê_s_tas sy_ê_ta
CH	Em espanhol é pronunciado como *tch* e assim será transcrito	**chocolate** **China**	tchôkô_la_tê _Tchi_na
D, T	Diante de **i**, estes sons não devem ser alterados para *dj* ou *ts*. Devem ser pronunciados linguodentais como todos os demais: *ta, te, ti, to, tu* e *da, de, di, do, du*.	**diario** **tía** **dedo** **aldea**	_dia_riô _ti_a _dê_dô al_dê_a
	D entre vogais ou após outras consoantes que não sejam **n** e **l** deve ser pronunciado mais suave.		
	Ao final de sílabas ou palavras, na variedade da maior parte da Espanha, é pronunciado como um som interdental e será transcrito como θ. No entanto, você pode simplesmente não pronunciá-lo completamente.	**usted** **adquirir**	us_têθ_ aθki_rir_

G, J	G acompanhado de **a**, **o**, **u** é pronunciado como em português e será transcrito como *g*. Lembre--se de que no meio da palavra, principalmente entre vogais, deve ser pronunciado suavemente. Quando estiver em sílabas como **gue**, **gui**, será transcrito como *gh*.	**gato** **gente** **gigante** **jardín** **jamón** **caja**	*<u>g</u>atô* *hê<u>n</u>tê* *higá<u>n</u>tê* *har<u>dín</u>* *há<u>môn</u>* *ka<u>h</u>a*
	Quando *g* estiver diante de **e**, **i**, será pronunciado como o nosso *r* de **rato**. Da mesma forma são pronunciados **ja**, **jo**, **ju**. Serão transcritos como *h*.		
H	Não tem som em espanhol, portanto não será transcrito foneticamente.		
L	Quando acompanhado de vogal, é pronunciado igual ao português, mas, ao final de sílaba, não deve ser transformado em *u*, deve ser pronunciado como *l*, com a língua atrás dos dentes (nos alvéolos).	**calma** **alto** **papel** **lápiz**	*ka<u>l</u>ma* *a<u>l</u>tô* *papê<u>l</u>* *lapiθ*
LL, Y	Em muitas zonas do mundo hispânico, estes dois sons são pronunciados de várias maneiras. Aqui vamos transcrevê-los, respectivamente, como *lh* e como *y*.	**lluvia** **suyo** **calle** **ayer**	*<u>lh</u>ubia* *suyô* *ka<u>lh</u>ê* *ayêr*
Ñ	É pronunciado de maneira semelhante ao **nh** do português, e, para facilitar, assim será transcrito.	**mañana** **caña**	*má<u>nh</u>ána* *ká<u>nh</u>a*
Q	Somente aparecerá quando acompanhado de **u** (não pronunciado) e outra vogal (pronunciada), como em **que**, **qui**. Se o **u** for pronunciado, a palavra será escrita com **c**. Ambos serão transcritos como *k*.	**cuadro** **tranquilo** **aqui** **queso**	*<u>kw</u>adrô* *trán<u>ki</u>lô* *a<u>ki</u>* *<u>kê</u>ssô*
R	Em início de palavra e escrita com **rr**, deve ser vibrante. Para você não se esquecer, nestes contextos, esse som será transcrito como *rr*.	**caro** **rosa** **carrera** **actuar**	*ka<u>r</u>ô* *<u>rr</u>ôssa* *ka<u>rr</u>êra* *akt<u>war</u>*
X	Será transcrito como *ks*, mas vale observar que algumas palavras são pronunciadas com o som de *j*, de *jardín*: *Ximena*, *México*, *Texas* etc.	**taxi** **exagerado**	*ta<u>ks</u>i* *êksahê<u>rad</u>ô*

Lição 1

¡HOLA!
Oi!

O Sr. Martínez está dando uma olhada em uma banca, procurando alguns mapas para sua próxima viagem. Ouça o diálogo e veja o que ele encontra.

Sr. Martínez **¡Hola, buenos días!**
(ôla, <u>bw</u>ênôs <u>d</u>ias)
Oi, bom dia.

Vendedor **Buenos días, señor. ¿Qué tal?**
(<u>bw</u>ênôs dias, sê<u>nh</u>ôr. ¿Ké tal?)
Bom dia, senhor. Como vai?

Sr. Martínez **Muy bien, gracias.**
(muy byên, <u>g</u>raθyas)
Muito bem, obrigado.

Un momento, por favor. Una pregunta...
(un mo<u>m</u>ên<u>t</u>ô, pôr fa<u>b</u>ôr. Una prê<u>g</u>unta...)
Um momento, por favor. Uma pergunta...

Vendedor **¿Sí, señor?**
(¿sí, <u>s</u>ênhôr?)
Sim, senhor.

1

Lição 1

Sr. Martínez	¿**Esto es un plano?** (¿êstô ês un plánô?) *Isto é um guia de ruas?*
Vendedor	**Sí, señor. Es un plano.** (si, sênhôr. Ês un plánô) *Sim, senhor. É um guia.*
Sr. Martínez	¿**Y esto? ¿Es un plano o un mapa?** (¿i êstô? ¿Ês un plánô ô un mapa?) *E isto? É um guia ou um mapa?*
Vendedor	**Esto es un mapa.** (êstô ês un mapa) *Isto é um mapa.*
Sr. Martínez	¡**Bien! ¿Y esto? ¿Es un mapa también?** (byên. ¿I êstô? ¿Ês un mapa tambyên?) *Ok! E isto? Também é um mapa?*
Vendedor	**No, señor. No es un mapa. Es un libro.** (nô, sênhôr. Nô ês un mapa. Ês un librô) *Não, senhor. Não é um mapa. É um livro.*
Sr. Martínez	**Muy bien, gracias por todo. ¡Hasta luego!** (muy byên, graθyas pôr tôdô. Asta lwêgô) *Muito bem, obrigado por tudo. Até logo!*
Vendedor	¡**Adiós, señor, hasta luego!** (adyôs, sênhôr, asta luêgô) *Tchau, senhor. Até logo!*

GRAMÁTICA / **GRAMÁTICA**

1. PREGUNTAS Y RESPUESTAS / **PERGUNTAS E RESPOSTAS**

¿Qué es esto? sempre pede uma definição como em *O que é isto?* Veja os seguintes exemplos.

¿Qué es esto?
(¿kê ês êstô?)
O que é isto?

Es un plano.
(ês un plánô)
É um guia de ruas.

un plano

Lição 1

Es un mapa.
(ês un <u>ma</u>pa)
É um mapa.

un mapa

Es un libro.
(ês un <u>li</u>brô)
É um livro.

un libro

2. SÍ O NO / SIM OU NÃO

Para fazer uma pergunta cuja resposta seja **sim** ou **não**, muda-se a ordem das palavras, colocando o verbo antes do sujeito.

¿Es esto un libro de español?
(¿ês <u>ês</u>tô un <u>li</u>brô dê êsp<u>ánhôl</u>?)
Isto é um livro de espanhol?

Sí, es un libro de español.
(si, ês un <u>li</u>brô dê êsp<u>ánhôl</u>)
Sim, é um livro de espanhol.

¿Es esto un plano?
(¿ês <u>ês</u>tô un <u>plá</u>nô?)
Isto é um guia de ruas?

No, no es un plano.
(nô, nô ês un <u>plá</u>nô)
Não, não é um guia de ruas.

¿Qué es?
(¿kê ês?)
O que é?

Es una guía.
(ês una <u>ghi</u>a)
É um guia turístico.

Lição 1

Repare no uso da interrogação invertida (¿) e o da exclamação invertida (¡) no início da pergunta ou da exclamação. Pratique, porque quando se escreve em espanhol, o uso desses sinais é obrigatório.

---

3. UN O UNA / UM OU UMA

Un e **una** são artigos indefinidos que correspondem a "um" e a "uma", respectivamente. Para os substantivos masculinos, usa-se **un**, e para os femininos, **una**. Considere que tanto em espanhol quanto em português o artigo indefinido é usado para referir-se a "qualquer" elemento ou categoria e não para algo específico. Ou seja, se você quer comprar um mapa, "qualquer" mapa, deve pedir **un mapa**. No entanto, se você precisar de um mapa específico, um mapa de Barcelona, por exemplo, utilize o artigo definido e peça por **el mapa de Barcelona**.

Tente sempre aprender o gênero da palavra (masculino ou feminino) ao mesmo tempo que aprende a palavra (não só **mapa**, mas **un/el mapa**, não só plano, mas **un/el plano** etc.). O gênero das coisas não tem, exatamente, a ver com o objeto em si mesmo; portanto, memorizar o gênero é a única maneira de determinar se algo é masculino ou feminino. Não tente adivinhar o gênero baseando-se no sentido comum: **vestido**, por exemplo, é masculino, enquanto **corbata** (gravata) é feminino.

Vamos praticar o uso dos artigos indefinidos **un** e **una**:

una postal	una persona	una silla
(una pôs<u>tal</u>)	(una pêr<u>sô</u>na)	(una <u>si</u>lha)
um cartão-postal	*uma pessoa*	*uma cadeira*

¿Es una silla?
(¿ês una <u>si</u>lha?)
É uma cadeira?

No, no es una silla.
(nô, nô ês una <u>si</u>lha)
Não, não é uma cadeira.

¿Es una postal o un mapa?
(¿ês una pôstal ô un <u>ma</u>pa?)
É um cartão-postal ou um mapa?

Es una postal.
(ês una pôs<u>tal</u>)
É um cartão-postal.

¿Es usted el sr. Martínez o el vendedor?
(¿ês us<u>têθ</u> êl sê<u>nhôr</u> Mar<u>ti</u>nêθ ô êl bêndê<u>dôr</u>?)
O senhor é o Sr. Martínez ou o vendedor?

Lição 1

Soy el vendedor, no soy el sr. Martínez.
(sôy êl bêndêdôr, nô sôy êl sênhôr Martinêθ)
Eu sou o vendedor, não sou o Sr. Martínez.

---

4. UNOS, UNAS; ALGUNOS, ALGUNAS / UNS, UMAS; ALGUNS, ALGUMAS

Essas palavras são usadas para expressar os indefinidos que, em português, correspondem a *uns, umas* e *alguns, algumas*. **Unos** e **unas** são o plural de **un** e **una**, respectivamente. **Algunos** e **algunas** são o plural de **algún** e **alguna**. De maneira geral, **unos, algunos** e **unas, algunas** são intercambiáveis e têm o mesmo significado.

unos libros/**algunos** libros
(unôs librôs / algunôs librôs)
uns livros / alguns livros

unas personas/**algunas** personas
(unas pêrsônas / algunas pêrsônas)
umas pessoas / algumas pessoas

---

5. EL, LA; LOS, LAS / O, A; OS, AS

O artigo definido "o" é traduzido ao espanhol como **el**, quando o substantivo for masculino (**un** libro, **el** libro), ou como **la**, quando o substantivo for feminino (**una** persona, **la** persona).

As formas plurais de **el** e **la** são **los** e **las**.

el vendedor	**los** vendedores
el libro	**los** libros
la señorita	**las** señoritas
la casa	**las** casas

---

6. PRONOMBRES PERSONALES / PRONOMES PESSOAIS

Em espanhol, os pronomes pessoais do caso reto costumam ser omitidos quando se fala ou quando se escreve, para evitar a redundância. A terminação dos verbos conjugados permite identificar os sujeitos com facilidade, por isso não é necessário incluir o pronome, a menos que se queira enfatizar o sujeito ou esclarecer de quem se trata. No caso da terceira pessoa, tanto do singular quanto do plural, por exemplo, é comum

Lição 1

que se coloque o pronome, porque é necessário esclarecer de quem se está falando: sobre ele, ela, ou o senhor, a senhora (formal). Estude os seguintes pronomes:

Yo	*Eu*
Tú/Vos	*Tu/Você* (informal)
Usted	*O senhor/a senhora* (formal)
Él	*Ele* (masculino)
Ella	*Ela* (feminino)
Nosotros	*Nós* (masculino)
Nosotras	*Nós* (feminino)
Vosotros	*Vós/Vocês* (informal, masculino)
Vosotras	*Vós/Vocês* (informal, feminino)
Ellos	*Eles* (masculino)
Ellas	*Elas* (feminino)
Ustedes	*Vocês*

Observe que o plural de "você", **vosotros** e **vosotras**, é utilizado exclusivamente na Espanha. De qualquer maneira, se você o utilizar, será entendido por qualquer falante de espanhol, independentemente da origem. Na maioria dos países da América Latina, assim como nas Ilhas Canárias e em alguns lugares da Espanha, é frequente o uso de "**ustedes**" para o plural de "vós" e "vocês". Além disso, é importante saber que em muitos países hispanoamericanos, em lugar do **tú**, para o singular, usa-se o **vos**, o que implica, em muitos casos, a mudança da forma verbal.

VOCABULARIO / VOCABULÁRIO

el vocabulario: o vocabulário
la gramática: a gramática
¡Hola!: Oi! Olá!
¡Buenos días!: Bom dia!
¡Adiós!: Tchau!
¡Hasta luego!: Até logo!
señor: senhor
un señor: um senhor
Señor Martínez: senhor Martínez
Señora Martínez: senhora Martínez
Señorita Martínez: senhorita Martínez
el diálogo: o diálogo
una pregunta: uma pergunta
una contestación/respuesta: uma resposta

Lição 1

sí: sim
no: não
gracias: obrigado, obrigada
esto: isto
¿Qué tal?: Como vai? O que acha?
bien: bem, ok
muy: muito
muy bien: muito bem
muy mal: muito mal
un mapa: um mapa (região ou país)
un plano: um guia de ruas
un libro de español: um livro de espanhol
un español, una española: um espanhol, uma espanhola
un curso: um curso
una postal: um cartão-postal
una guía: um guia (de viagens)
una persona: uma pessoa
una silla: uma cadeira
una ciudad: uma cidade
un vendedor, una vendedora: um vendedor, uma vendedora
un, una: um, uma
unos, unas: uns, umas
algunos, algunas: alguns, algumas
usted: o senhor, a senhora
otro, otra: outro, outra
y: e
o: ou
¿Qué es?: O que é?
de: de
también: também
una lección: uma lição

EJERCICIOS / **EXERCÍCIOS**

Escreva o artigo indefinido, **un** ou **una**, para cada substantivo.

1. **una** silla
2. _____ plano
3. _____ mapa
4. _____ ciudad
5. _____ pregunta
6. _____ persona
7. _____ libro
8. _____ guía
9. _____ señor
10. _____ español de Madrid

Exercício A

Lição 1

Exercício B

Complete os espaços em branco expressando acordo ou desacordo conforme a sentença.

1. Sí, **es** un plano.
2. No, _____ una guía.
3. Sí, _____ un curso.
4. No, _____ un señor.
5. No, _____ una postal.

Exercício C

Escreva as seguintes palavras em espanhol:

1. uma pessoa: **una persona**
2. um mapa: _____
3. uma cidade: _____
4. uma resposta: _____
5. um espanhol: _____

Exercício D

Indique se os substantivos são masculinos ou femininos. Complete usando **el** ou **la**.

1. **la** gramática
2. _____ libro
3. _____ señorita
4. _____ plano
5. _____ diálogo

Exercício E

Ligue as colunas segundo a tradução de cada pronome.

1. Vosotras
2. Ellos
3. Ella
4. Ustedes
5. Yo
6. Nosotros
7. Tú
8. Usted

a. vocês (terceira pessoa do plural)
b. você (segunda pessoa do singular)
c. eu
d. ela
e. nós
f. eles
g. o senhor
h. vocês (segunda pessoa do plural)

Visite <http://www.berlitzpublishing.com> para atividades extras na internet – vá à seção de downloads e conecte-se com o mundo em espanhol!

Lição

PRESENTACIONES
APRESENTAÇÕES

2

O Sr. Martínez e a Srta. Vázquez se encontram pela primeira vez. Escute o diálogo para descobrir o que estão falando.

Sr. Martínez   **¡Hola, buenos días! Soy Pablo Martínez. Y usted, ¿quién es?**
(ôla, bwênôs días. Sôy Pablô Martinêθ. I ustêθ ¿Kyên ês?)
Olá, bom dia. Eu sou Pablo Martínez. E a senhora, quem é?

Srta. Vázquez   **Yo soy Anita Vázquez. Y usted ¿es mexicano?**
(yô sôy Anita Baθkêθ. I ustêθ ¿ês mêhikánô?)
Eu sou Anita Vázquez. E o senhor? É mexicano?

Sr. Martínez   **No, no soy mexicano. No soy venezolano y no soy argentino tampoco.**
(nô, nô sôy mêhikánô. Nô sôy bênêθôlánô y nô sôy arhêntinô tâmpoco.)
Não, eu não sou mexicano. Não sou venezuelano nem argentino.

Lição 2

Srta. Vázquez ¿De qué nacionalidad es usted?
(¿dê kê nacionalidaθ ês ustêθ?)
Qual é a sua nacionalidade?

Sr. Martínez Yo soy español. Soy de Madrid. Y usted, ¿de dónde es?
(Yô sôy êspánhôl. Sôy de Madriθ. I ustêθ ¿dê dôndê ês?)
Eu sou espanhol. Sou de Madri. E a senhora, de onde é?

Srta. Vázquez Yo soy de Barcelona. Ahora trabajo aquí en la Ciudad de México, en un banco. Es un banco muy grande. ¿Y usted, dónde trabaja?
(Yô sôy dê Barθêlôna. Aôra trabahô aki ên la θyudaθ dê Mêhikô, ên un bánkô. Ês un bánkô muy grándê. ¿I ustêθ, dôndê trabaha?)
Eu sou de Barcelona. Agora trabalho aqui, na cidade do México, em um banco. É um banco muito grande. E o senhor, onde trabalha?

Sr. Martínez ¿Yo? Yo trabajo en una escuela. Soy profesor.
(¿yo? Yo trabahô ên una eskuêla. Sôy prôfêsôr?)
Eu? Eu trabalho em uma escola. Sou professor.

Um jovem passa e cumprimenta o Sr. Martínez.

Srta. Vázquez ¿Quién es este chico?
(¿Kyên ês êstê tchikô?)
Quem é esse garoto?

Sr. Martínez Es David. Estudia español. David, ¡un momento, por favor!
(ês Dabiθ. Êstudya êspánhôl. Dabiθ, un mômêntô, pôr fabôr)
É o David. Ele estuda espanhol. David, um instante, por favor!

David ¡Hola, buenos días, señorita!
(ôla, bwênôs días, sênhôrita)
Olá, bom dia, senhorita!

Sr. Martínez Señorita Vázquez, David; David, la señorita Vázquez.
(sênhôrita Baθkêθ, Dabiθ; Dabiθ, sênhôrita Baθkêθ)
Senhorita Vázquez, David; David, a senhorita Vázquez.

David Encantado.
(ênkántadô)
Muito prazer.

Srta. Vázquez Mucho gusto.
(mutchô gustô)
Muito prazer.

Lição 2

GRAMÁTICA / GRAMÁTICA

1. (YO) SOY, (YO) NO SOY / EU SOU, EU NÃO SOU

Soy Pablo Martínez.
(sôy Pablô Martinêθ)
Eu sou Pablo Martínez.

No soy David.
(nô sôy Dabiθ)
Eu não sou David.

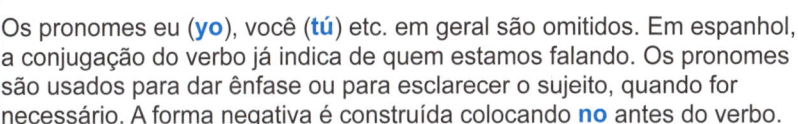

Os pronomes eu (**yo**), você (**tú**) etc. em geral são omitidos. Em espanhol, a conjugação do verbo já indica de quem estamos falando. Os pronomes são usados para dar ênfase ou para esclarecer o sujeito, quando for necessário. A forma negativa é construída colocando **no** antes do verbo.

Soy David.
(sôy Dabiθ)
Eu sou David.

No soy el señor Martínez.
(nô sôy êl sênhôr Martinêθ)
Eu não sou o Sr. Martínez.

Soy Anita.
(sôy Anita)
Eu sou Anita.

No soy la señora Martínez.
(nô sôy la sênhôra Martinêθ)
Eu não sou a Sra. Martínez.

2. (TÚ) ERES, USTED ES – (TÚ) NO ERES, USTED NO ES / VOCÊ É, O SENHOR É – VOCÊ NÃO É, O SENHOR NÃO É

A diferença entre **tú** e **usted** está no uso do discurso informal ou formal, respectivamente. Ao falar com um amigo, colega de trabalho, conhecido que está dentro da mesma faixa de idade ou com alguém em quem confiamos e com quem temos intimidade usamos o **tú**, e esse pronome, em geral, é omitido na frase. Contudo, ao falar com alguém que ocupa uma posição hierárquica superior em relações de trabalho, com alguém que não conhecemos no ambiente mais formal ou, ainda, com alguém que é mais velho, como pais, avós etc., usamos o **usted** e, em geral, o pronome é mencionado na frase, para evitar a ambiguidade com **él** e **ella**, que também ocupam a terceira pessoa do singular. Observe a conjugação do verbo com ambos os pronomes.

Lição 2

¿Eres Pablo? (para alguém em uma festa de amigos)
(¿êrês Pablô?)
Você é o Pablo?

¿Es usted Pablo Martínez? (a recepcionista para um convidado que dará uma palestra em um evento)
(¿ês ustêθ Pablô Martinêθ?)
O senhor é Pablo Martínez?

¿Eres Anita? (para a amiga de uma amiga sua)
(¿êrês Anita?)
Você é a Anita?

¿Es usted Anita Vázquez? (em uma reunião de trabalho com clientes)
(¿ês ustêθ Anita Baθkêθ?)
A senhora é Anita Vázquez?

¿Eres David? (a senhora Anita Vázquez para David)
(¿êrês Dabiθ?)
Você é o David?

Como já dito anteriormente, em espanhol é comum a mudança da ordem das palavras quando se faz uma pergunta e se coloca o pronome, principalmente no discurso formal com **USTED**. Assim, o sujeito costuma vir depois do verbo, embora essa não seja uma regra obrigatória. Ao ler e escrever, lembre-se sempre do símbolo de interrogação invertida no início da pergunta. A ordem das palavras em espanhol é muito flexível.

¿Es usted Pablo? *O senhor é o Pablo?* (pergunta)
(¿ês ustêθ Pablô?)

¿Usted es Pablo?
(¿ês ustêθ Pablô?)

Usted es Pablo. *O senhor é o Pablo.* (afirmação)
(ustêθ ês Pablô)

Usted no es Pablo Martínez.
(ustêθ nô ês Pablô Martinêθ)
O senhor não é Pablo Martínez.

Usted no es Anita Vázquez.
(ustêθ nô ês Anita Baθkêθ)
A senhora não é Anita Vázquez.

Usted no es David.
(ustêθ nô ês Dabiθ)
O senhor não é o David.

Lição 2

Entonces ¿quién **es usted**?
(êntônθês ¿kyên ês us<u>têθ</u>?)
Então, quem é o senhor?

Resposta: **Yo soy...**
(yo sôy)

¡Muy bien, gracias!
(muy byên, <u>gra</u>θyas)
Muito bem, obrigado!

¿Es usted argentino? **¿Usted es** argentino? **¿Es** argentino?
(¿ês us<u>têθ</u> arhên<u>ti</u>nô? ¿us<u>têθ</u> ês arhên<u>ti</u>nô? ¿ês arhên<u>ti</u>nô?)
O senhor é argentino?

Oh, **no es** argentino.
(ô, nô ês arhên<u>ti</u>nô)
Oh, não é argentino.

Soy brasileño/brasileña.
(sôy brassi<u>lê</u>nhô / brassi<u>lê</u>nha)
Sou brasileiro / brasileira.

¿Es usted venezolano?
(¿ês us<u>têθ</u> bênêθô<u>lá</u>nô?)
O senhor é venezuelano?

Soy español/española.
(sôy êspán<u>hôl</u> / êspán<u>hô</u>la)
Sou espanhol / espanhola.

¿No? ¿De qué nacionalidad **es usted**?
(¿nô? ¿dê kê naθyônali<u>da</u>θ ês us<u>têθ</u>?)
Não? Qual é a sua nacionalidade?

Soy inglés/inglesa.
(sôy in<u>glês</u> / in<u>glê</u>ssa)
Sou inglês / inglesa.

Respuestas:
rrês<u>pwês</u>tas
Respostas:

Soy alemán/alemana.
(sôy alê<u>mán</u> / alê<u>má</u>na)
Sou alemão / alemã.

Soy canadiense.
(sôy kána<u>dyên</u>sê)
Sou canadense.

Soy japonés/japonesa.
(sôy hapô<u>nês</u> / hapô<u>nê</u>ssa)
Sou japonês / japonesa.

Soy chino/china.
(sôy <u>tchi</u>nô / <u>tchi</u>na)
Sou chinês / chinesa.

Soy ruso/rusa.
(sôy <u>rru</u>sô / <u>rru</u>sa)
Sou russo / russa.

3. ÉL ES, ÉL NO ES / ELE É, ELE NÃO É

él es	él no es
ele é	*ele não é*

Lição 2

El señor Martínez es español.
(êl sê<u>nh</u>ôr Mar<u>t</u>inêθ ês êspá<u>nh</u>ôl)
O senhor Martínez é espanhol.

Él es canadiense.
(êl ês kána<u>dyên</u>sê)
Ele é canadense.

Él no es español.
(êl nô ês êspá<u>nh</u>ôl)
Ele não é espanhol.

Él no es japonés.
(êl nô ês hapô<u>nês</u>)
Ele não é japonês.

---

4. ELLA ES, ELLA NO ES / ELA É, ELA NÃO É

ella es	ella no es
ela é	ela não é

Y la señorita Vázquez, ¿**es** venezolana?
(i la sênhô<u>ri</u>ta Ba<u>θ</u>kêθ, ¿ês bênêθôlá<u>na</u>?)
E a senhorita Vázquez, é venezuelana?

No, ella no es venezolana.
(nô, êlha nô ês bênêθôlá<u>na</u>)
Não, ela não é venezuelana.

Ella no es rusa.
(êlha nô ês <u>rru</u>sa)
Ela não é russa.

Ella no es japonesa.
(êlha nô ês hapô<u>nê</u>ssa)
Ela não é japonesa.

Ella no es inglesa.
(êlha nô ês in<u>glê</u>ssa)
Ela não é inglesa.

¿De qué nacionalidad es?
(¿dê kê naθyônali<u>daθ</u> ês?)
Qual é a nacionalidade dela?

Ella es española.
(êlha ês êspá<u>nh</u>ôla)
Ela é espanhola.

Lição 2

5. ESPAÑOL, ESPAÑOLA / ESPANHOL, ESPANHOLA

Em espanhol, temos os adjetivos que possuem uma única terminação, chamados tradicionalmente de "invariáveis em gênero", como **alegre**, **verde**, **común**, e os que apresentam duas terminações, chamados de "variáveis em gênero", como **bonito**, **bonita**, **tranquilo**, **tranquila**. Para os adjetivos gentílicos, ou seja, que indicam a nacionalidade, temos:

Adjetivos variáveis que formam o masculino em **-o** e o feminino em **-a**:

Masculino	Feminino
mexicano	mexicana
ruso	rusa
venezolano	venezolana

Adjetivos variáveis que formam o masculino em consoante (**-l**, **-n** e **-s**):

Masculino	Feminino
español	española
alemán	alemana
portugués	portuguesa
inglés	inglesa
holandés	holandesa
danés	danesa

No último exemplo do tópico 4 (**Ella es española**), **español** se transforma em **española**, porque corresponde à **señorita Vázquez** (feminino). Na tabela vemos que alguns adjetivos variáveis terminam em **-án** e outros em **-és**. Nesses casos, o feminino é formado com a terminação **-ana** e **-esa**, respectivamente.

Adjetivos invariáveis:

Masculino	Feminino
canadiense	canadiense
estadounidense	estadounidense
nicaragüense	nicaraguense

15

Lição 2

Como se pode observar na tabela, os adjetivos que terminam em **-e** mantêm a mesma forma no feminino e acrescenta-se **-s** na formação do plural.

Lembre-se de que adjetivos de nacionalidade são escritos em letra minúscula e, normalmente, são colocados depois do substantivo que qualificam e devem concordar não só em gênero (masculino ou feminino), mas também em número (singular ou plural) com o substantivo. Quando terminados em vogal, como em **griego**, **griega**, acrescenta-se somente **-s**, mas quando terminam em consoante, acrescenta-se **-es**, como em **español**, **españoles**. É importante ressaltar que quando o adjetivo terminado em consoante tem acento no singular, perde-o em sua forma plural, como em **alemán**, **alemanes**, **danés**, **daneses**.

Observe que, além dessas regras para os adjetivos gentílicos, devemos conhecer alguns que possuem a terminação em **-í** e que são invariáveis.

Masculino	Feminino
iraquí	iraquí
marroquí	marroquí
iraní	iraní
israelí	israelí

Para esses gentílicos, é aconselhável a forma plural em **-es** e deve-se manter o acento: **iraquíes**, **marroquíes**, **iraníes**, **israelíes**. Veja exemplos de frases com adjetivos variados.

Un chico pequeño	*Um menino pequeno*
Un chico grande	*Um menino grande*
Un chico estadounidense	*Um menino norte-americano*
Un libro italiano	*Um livro italiano*
Los mapas grandes	*Os mapas grandes*

Quando um substantivo é feminino (**una**, **la**), o adjetivo deve ser usado no feminino.

Una casa pequeña   *Uma casa pequena*

Lição 2

Observe que em espanhol algumas palavras são masculinas, enquanto em português são femininas ou vice-versa, como nos exemplos abaixo.

Una guía pequeña	*Um guia de viagens pequeno*
Una casa pequeña	*Uma casa pequena*
La chica japonesa	*A menina japonesa*
Las sillas pequeñas	*As cadeiras pequenas*
Una tarjeta grande	*Um cartão grande*

6. VERBO SER Y VERBOS TERMINADOS EN -AR / VERBO SER E VERBOS TERMINADOS EM -AR

O verbo **ser** é utilizado para dar definições e características que são inerentes à pessoa ou à coisa que está sendo mencionada. Na Lição 3, você vai aprender o verbo **estar**, que é utilizado para indicar localização física, estados de ânimo e condições ou características mais temporárias. A conjugação de **ser** é:

Yo soy	*Eu sou*
Tú eres	*Você é*
Usted, Él, Ella es	*O senhor, a senhora, ele, ela é*
Nosotros, nosotras somos	*Nós somos*
Vosotros, vosotras sois	*Vocês são*
Ustedes, Ellos, Ellas son	*Os senhores, as senhoras, eles, elas são*

Veja: **Yo**, **tú**, **él**, **ella** etc. em geral são omitidos nas orações. São utilizados apenas para evitar ambiguidade: **Es grande** pode ser *ele*, *ela*, *isso*, *o senhor é grande*. É necessário esclarecer o referente dizendo **Usted es grande**, por exemplo.

Ex.:
Pablo es alemán.
(Pablô ês alêmán)
Pablo é alemão.

Usted es alto.
(ustêθ ês altô)
O senhor é alto.

¿**Ella es** de Buenos Aires?
(¿êlha ês dê Bwênôs Ayrês?)
Ela é de Buenos Aires?

17

7. VERBOS REGULARES TERMINADOS EN -AR / VERBOS REGULARES TERMINADOS EM -AR

Os verbos são formados por uma raiz + terminação. Por exemplo, o verbo **trabajar** se divide em **trabaj** (raiz) + **-ar** (terminação). Em espanhol, os verbos no infinitivo terminam em **-ar** (chamados de verbos de primeira conjugação, como **trabajar**), **-er** (chamados de verbos de segunda conjugação, como **beber**) ou **-ir** (chamados de verbos de terceira conjugação, como **vivir**). Conhecendo a conjugação dos três verbos (**trabajar**, **beber**, **vivir**) você saberá a conjugação dos demais verbos regulares, que não sofrem alterações na raiz.

Há também os verbos irregulares, que são aqueles que sofrem algum tipo de alteração na raiz. São verbos que você deve conhecer e memorizar, pois são muito necessários. Embora, em sua maioria, possuam uma terminação muito semelhante à dos verbos regulares, as irregularidades na raiz são de diversos tipos. Por enquanto, vamos nos concentrar na conjugação dos verbos regulares.

TRABAJAR/TRABALHAR

*Para formar a primeira pessoa do singular de verbos terminados em **-ar**, pegue a raiz (o verbo sem o **-ar**) e acrescente **-o**.*

Trabaj-**ar** Yo trabaj**o** / *Eu trabalho*

*Para formar a segunda pessoa do singular, acrescente à raiz **-as** ou **-áis**, para formar a segunda pessoa do plural.*

Trabaj-**ar**	Tú trabaj**as**	Vosotros, vosotras trabaj**áis**
	Você trabalha	*Eles, elas trabalham*

*Para formar a terceira pessoa do singular, acrescente à raiz **-a** ou **-an**, para formar a terceira pessoa do plural.*

Trabaj-**ar**	Usted, Él, Ella trabaj**a**	Ustedes, Ellos, Ellas trabaj**an**
	O senhor, a senhora, ele, ela trabalha.	*Os senhores, as senhoras, eles, elas trabalham.*

*Para formar a primeira pessoa do plural, acrescente **-amos**.*

Trabaj-**ar** Nosotros, nosotras trabaj**amos**
Nós trabalhamos

Ex.:

Cristóbal **no trabaja** en un banco.

(Kristôbal nô trabaha ên un bánkô)

Cristóbal não trabalha em um banco.

¿Dónde **trabaja**?

(¿dôndê trabaha?)

Onde ele trabalha?

Outros verbos regulares terminados em **-ar** terão a mesma terminação.

Ex.:
¿**Estudias** español o japonés?
(¿êstudyas êspánhôl ô haponês?)
Você estuda espanhol ou japonês?

¿Y Anita? ¿**Toma** té o café?
(¿i Anita? ¿Tôma tê ô kafê?)
E Anita? Bebe chá ou café?

Em perguntas, se precisar utilizar os pronomes (**él**, **ella**, **usted** etc.), aconselha-se o seu uso após o verbo como em: ¿**Es usted brasileño o alemán?**

---

3. ESTE, ESE, AQUEL / ESTE, ESSE, AQUELE

Semelhante ao português, o espanhol possui três formas para indicar quão perto ou longe estão as coisas ou pessoas do falante: **este**, **estos** (perto); **ese**, **esos** (perto, porém um pouco mais longe do que o anterior); e **aquel**, **aquellos** (longe do falante). Além desses adjetivos demonstrativos, há uma forma a mais terminada em **-o** (**esto**, **eso**, **aquello**), considerada neutra, que não se refere a uma pessoa ou a um objeto específico, mas a toda uma situação ou um contexto. Essa forma não funciona como adjetivo, mas como pronome.

Ex.:
Este libro es grande. **Ese libro** es pequeño. **Aquel libro** es muy grande.
(êstê librô ês grándê. êsê librô ês pêkênhô. akêl librô ês muy grándê.)
Este livro é grande. Esse livro é pequeno. Aquele livro é muito grande.

Esto es ridículo.
(êstô ês rridikulô)
Isto é ridículo.

Esses adjetivos também têm a forma feminina para substantivos no singular e no plural, porém abordaremos isso mais adiante. Por enquanto, tente memorizar as três opções masculinas em espanhol.

Lição 2

VOCABULARIO / VOCABULÁRIO

el ejemplo: o exemplo
la presentación: a apresentação
¿dónde?: onde?
¿de dónde?: de onde?
¿quién?: quem?
por favor: por favor
un momento: um instante, um momento
ahora: agora
aquí: aqui
la nacionalidad: a nacionalidade
¿de qué nacionalidad?: de que nacionalidade?
tampoco: tampouco
español, española: espanhol, espanhola
mexicano, mexicana: mexicano, mexicana
argentino, argentina: argentino, argentina
venezolano, venezolana: venezuelano, venezuelana
chileno, chilena: chileno, chilena
chino, china: chinês, chinesa
ruso, rusa: russo, russa
italiano, italiana: italiano, italiana
canadiense: canadense
brasileño, brasileña: brasileiro, brasileira
francés, francesa: francês, francesa
japonés, japonesa: japonês, japonesa
danés, danesa: dinamarquês, dinamarquesa
apropiado, apropiada: apropriado, apropriada
interesante: interessante
alto, alta: alto, alta
pequeño, pequeña: pequeno, pequena
ridículo, ridícula: ridículo, ridícula
muy: muito
el idioma: o idioma
el chico: o menino
el profesor, la profesora: o professor, a professora
el profesor, la profesora de español: o professor, a professora de espanhol
el profesor español, la profesora española: o professor espanhol, a professora espanhola
Nueva York: Nova York
París: Paris
el verbo: o verbo
el adjetivo: o adjetivo
estudiar: estudar
trabajar: trabalhar
tomar: beber, comer
escribir: escrever

Lição 2

EJERCICIOS / **EXERCÍCIOS**

Exercício A

Responda às perguntas abaixo com orações completas. Siga o exemplo que colocamos para guiá-lo.

Ex.:
¿Es usted profesor de español?
No, no soy profesor de español.

1. ¿Es usted de Madrid? _____
2. ¿Es usted de San Pablo? _____
3. ¿Es usted de Londres? _____
4. ¿Es usted canadiense? _____
5. ¿Estudia usted francés? _____
6. ¿Es usted español (o española)? _____
7. ¿Trabaja usted en París? _____
8. ¿Trabaja usted en un banco? _____

Exercício B

Escolha o adjetivo mais apropriado para completar cada oração. Preste atenção no gênero e no número do substantivo e certifique-se de que o adjetivo está concordando com ele.
Ex.:
Es una ciudad _____. (pequeña/pequeño)
Es una ciudad **pequeña**.

1. El profesor de alemán es muy _____. (alto/alta)
2. _____ persona es brasileña. (este/esta)
3. ¿La señora García es _____? (chileno/chilena)
4. Trabaja en un banco _____. (español/española)
5. ¿El señor Dupont es _____? (francés/francesa)
6. Estas guías son _____. (rusos/rusas)
7. La escuela de Pablo es _____. (pequeño/pequeña)
8. Aquel libro es _____. (ridículo/ridícula)
9. Nosotras somos _____. (bajos/bajas)
10. Aquel chico no es _____ tampoco. (italiano/italiana)

Visite <http://www.berlitzpublishing.com> para atividades extras na internet – vá à seção de downloads e conecte-se com o mundo em espanhol!

Lição

3 ANITA VA DE VIAJE
ANITA VAI VIAJAR

A srta. Anita Vázquez está guardando algumas coisas antes de sair de viagem. David lhe faz uma visita para conversar um pouco.

David **Anita, ¿tiene un billete para el avión?**
(A<u>n</u>ita, ¿t<u>y</u>ênê un bi<u>lh</u>êtê para êl a<u>by</u>ôn?)
Anita, a senhora tem uma passagem?

Anita **Sí, David. Tengo un billete de Iberia. Está en mi bolso.**
(si, Dabiθ. <u>T</u>êngô un bi<u>lh</u>êtê dê Ibêrya. Ê<u>st</u>a ên mi bôlsô)
Sim, David. Tenho uma passagem da Ibéria. Está na minha bolsa.

David **También tiene una maleta, ¿verdad?**
(tám<u>by</u>ên t<u>y</u>ênê una ma<u>l</u>êta, ¿bêr<u>da</u>θ?)
E também tem uma mala, certo?

Lição 3

Anita Sí, ¡claro! Viajo con una maleta grande. En la maleta tengo una falda, un suéter[1], dos o tres blusas, un pantalón, zapatillas de deporte[2]...
(si, klarô. Byahô kôn una malêta grándê. Ên la malêta têngô una falda, un suêter, dôs ô três blussas, un pántalôn, θapatilhas de depôrte)
Sim, claro! Viajo com uma mala grande. Na mala levo uma saia, uma blusa de frio, duas ou três blusinhas, uma calça, um par de tênis...

David ¿Tiene pasaporte o carnet de identidad?
(¿tyênê pasapôrtê ô karnê dê idêntidaθ?)
A senhora tem passaporte ou carteira de identidade?

Anita Sí, tengo un pasaporte.
(si, têngô pasapôrtê)
Sim, tenho passaporte.

David Bueno, pues ¿adónde va? ¿A Nueva York?
(bwênô pwês ¿adôndê ba? ¿A Nwêba Yôrk?)
Certo. E para onde vai? Nova York?

Anita No, no voy a Nueva York sino a Sevilla, en España.
(nô, nô bôy a Nwêba Yôrk sinô a Sêbilha, ên Êspánha)
Não, não vou para Nova York, mas para Sevilha, na Espanha.

David ¿Para ir al aeropuerto toma un taxi o el metro, o va en autobús?
(¿para ir al aêrôpwêrtô tôma un taksi ô êl mêtrô, ô ba ên awtôbus?)
Para ir para o aeroporto, a senhora vai tomar um táxi, pegar o metrô ou vai de ônibus?

Anita Voy en taxi.
(bôy ên taksi)
Vou de táxi.

David ¿Cuándo sale? ¿Hoy?
(¿kwándô salê? ¿oy?)
Quando viaja? Hoje?

Anita No. Salgo mañana.
(nô. Salgô mánhána.)
Não, viajo amanhã.

"Suéter" também pode ser chamado de "abrigo" ou "jersey" e, em geral, é feito de lã.
"Zapatillas de deporte" ou "zapatillas desportivas" também podem ser chamadas de "tenis".

Lição 3

David	**¿A qué hora?**
	(¿a kê ôra?)
	A que horas?
Anita	**A las tres. Es usted muy curioso, David.**
	(a las três. Ês usteθ muy kurŷôssô, Dabiθ)
	Às três. Você é muito curioso, David.
David	**Pero vuelve pronto, ¿verdad?**
	(Pêrô bwêlbê prôntô, ¿bêrdaθ?)
	Mas volta logo, certo?
Anita	**Sí, vuelvo en ocho días. Tengo mucho trabajo aquí.**
	(si, bwêlbô ên ôtchô días. Têngô mutchô trabahô aki)
	Sim. Volto em oito dias. Tenho muito trabalho aqui.
David	**¡Buen viaje, Anita! ¡Hasta luego!**
	(bwên byahê, Ánita. Asta lwêgô)
	Boa viagem, Anita! Até logo!
Anita	**¡Hasta luego! ¡A estudiar!**
	(Asta lwêgô. A êstudyar)
	Até logo! E estude!

GRAMÁTICA / GRAMÁTICA

1. **TENGO, NO TENGO / TENHO, NÃO TENHO**

Tengo una maleta.   *Tenho uma mala.*
(têngô una malêta)

No tengo billete[3].   *Não tenho passagem.*
(nô têngô bilhêtê)

Veja que, com **tener** depois de uma negação e frequentemente em perguntas, o artigo indefinido (**un**, **una**) é omitido.

No tengo trabajo.   *Não tenho emprego.*
(nô têngô trabahô)

No tengo coche.   *Não tenho carro.*
(nô têngô kôtchê)

---

3. "Billete" também pode ser chamado de "boleto" ou "pasaje".

Lição 3

2. TIENES, NO TIENES / VOCÊ TEM, VOCÊ NÃO TEM

Tienes un bolígrafo muy bonito.
(tyênês un bôligrafô muy bônitô)
Você tem uma caneta muito bonita.

¿Tienes un buen profesor?
(tyênês un bwên prôfêsôr)
Você tem um bom professor?

Não se esqueça de que, em espanhol, **tú** indica um tratamento informal (você) e não é necessário colocar o pronome na frase.

3. (USTED) TIENE, (USTED) NO TIENE / (O SENHOR, VOCÊ) TEM, (O SENHOR, VOCÊ) NÃO TEM

Lembre-se de que **él** e **ella** têm a mesma conjugação de **usted** e que **usted** indica um tratamento formal, ou seja, "o senhor" e "a senhora".

¿Qué **tiene** en aquel bolso?
(¿kê tyênê ên akêl bôlsô?)
O que o senhor tem naquela bolsa?

¿**Usted tiene** un lápiz o un bolígrafo?
(¿ustêθ tyênê un lapiθ o un bôligrafó?)
A senhora tem um lápis ou uma caneta?

Anita **tiene** una falda y unas blusas.
(Anita tyênê una falda i unas blussas)
Anita tem uma saia e umas blusinhas.

El señor Martínez **tiene** mucho trabajo
(êl sênhôr Martinêθ tyênê mutchô trabahô).
O senhor Martínez tem muito trabalho.

Iberia **tiene** muchos aviones.
(bêrya tyênê mutchôs abyônês)
A Ibéria tem muitos aviões.

4. TENEMOS, NO TENEMOS / NÓS TEMOS, NÓS NÃO TEMOS

Nosotros **tenemos** ocho días de vacaciones.
(nôssôtrôs tênêmôs ôtchô días dê bakaθyônês)
Nós temos oito dias de férias.

¿**Tenemos** el número de teléfono?
(¿tênêmôs êl numêrô dê têlêfônô?)
Temos o número de telefone?

5. TENÉIS, NO TENÉIS / VOCÊS TÊM, VOCÊS NÃO TÊM

Tenéis mucho tiempo para preparar la maleta.
(tê<u>nêy</u>s <u>m</u>utchô t<u>y</u>êm<u>p</u>ô <u>pa</u>ra prêpa<u>ra</u>r la ma<u>lê</u>ta)
Vocês têm muito tempo para arrumar a mala.

¿Tenéis algún abrigo para prestarme?
(¿tê<u>nêy</u>s al<u>gun</u> a<u>bri</u>gô <u>pa</u>ra prês<u>ta</u>rmê?)
Vocês têm alguma blusa de frio para me emprestar?

Da mesma forma que **nosotros**, **vosotros** é utilizado para expressar "vocês" em grupos masculinos ou mistos, e **vosotras** é usado para indicar grupos só femininos. **Vosotros** e **vosotras** indicam um tratamento informal e são usados, basicamente, na Espanha. Na maioria dos países da América Latina usa-se o **ustedes** tanto para o tratamento informal (vocês) quanto formal (o senhor/a senhora).

6. (USTEDES) TIENEN, (USTEDES) NO TIENEN / (OS SENHORES, VOCÊS) TÊM, (OS SENHORES, VOCÊS) NÃO TÊM

¿Tienen ustedes al<u>gu</u>na duda?
(¿<u>ty</u>ênên us<u>tê</u>dês alguna <u>du</u>da?)
Os senhores têm alguma dúvida?, As senhoras têm alguma dúvida?

Ellos tienen muchos problemas.
(<u>ê</u>lhôs t<u>y</u>ênên <u>m</u>utchôs prô<u>blê</u>mas)
Eles têm muitos problemas

Ellas tienen un coche japonés.
(<u>ê</u>lhas t<u>y</u>ênên un <u>k</u>otchê hapô<u>nês</u>)
Elas têm um carro japonês.

Como comentado no item anterior, principalmente na Espanha, **ustedes** corresponde ao tratamento formal (senhores, senhoras), contrastando com **vosotros**, **vosotras**, que indicam a informalidade. No entanto, na maioria do mundo hispânico, **ustedes**, além de formal (senhores, senhoras) é informal (vocês) e, nesses lugares, não se usa **vosotros**, **vosotras**.

7. ¿MASCULINO O FEMENINO? / MASCULINO OU FEMININO?

Você está começando aprender o uso de **un** ou **una**, **unos** ou **unas**, e **el** ou **la**, **los** ou **las**. É importante aprender o substantivo junto com o artigo para lembrar o gênero e fazer o adjetivo concordar. Aqui damos algumas dicas para ajudá-lo com o gênero dos substantivos.

Exemplos de substantivos masculinos:

Lição 3

Substantivos masculinos (pessoas e animais)	
el padre – o pai	el toro – o touro

Terminação do substantivo	Exceções	
-o	la mano	a mão
	la foto	a foto
	la moto	a moto
-e	la calle	a rua
	la gente	as pessoas
	la clase	a aula
	la llave	a chave
	la tarde	a tarde
	la leche	o leite

Exemplos de substantivos femininos:

Substantivos femininos (pessoas e animais)	
la madre – a mãe	la vaca – a vaca

Terminação do substantivo	Exceções	
-a	el día	o dia
	el mapa	o mapa
	el problema	o problema
	el programa	o programa
-ción, -sión	la canción	a canção
	la dimensión	a dimensão
-dad, -tud	la universidad	a universidade
	la juventud	a juventude

Estude estes exemplos:

El chico alto es Tomás
(êl tchikô altô ês Tômas.)
O menino alto é o Tomás.

El señor Schmidt es alemán.
(êl sênhôr Schimidt ês alêman)
O senhor Schmidt é alemão.

El trabaja en un banco pequeño en Santiago.
(êl trabaha ên un bánkô pêkênhô ên Sántyagô)
Ele trabalha em um banco pequeno em Santiago.

No es un pasaporte chileno, sino mexicano.
(nô ês un pasap_ô_rtê tchil_ê_nô s_i_nô mêhik_á_nô)
Não é um passaporte chileno, mas mexicano.

Tengo los billetes.
(t_ê_ngô lôs bil_hê_tês)
Eu tenho as passagens.

¿Dónde tiene el carnet de identificación personal?
(¿d_ô_ndê t_y_ênê êl karn_ê_ dê idêntifikaθy_ô_n pêrsô_na_l?)
Onde está o seu RG?

Trabajamos en otra ciudad.
(trabah_a_môs ên _ô_tra θyuda_θ_)
Nós trabalhamos em outra cidade.

---

8. PERO, OTRO, MUCHO / MAS, OUTRO, MUITO

Pero significa "mas" e é usado como em português, em orações adversativas. **Sino** se usa para negar uma coisa e confirmar outra, nunca para indicar ações contrárias.

No soy hispano **pero** hablo español.
(nô sôy isp_á_nô p_ê_rô _a_blô êsp_á_nh_ô_l)
Não sou hispânico, mas falo espanhol.

No soy profesor **sino** estudiante.
(nô sôy prôfes_ô_r s_i_nô êstu_dy_ántê)
Não sou professor, mas estudante.

No voy en avión **sino** en tren.
(nô bôy ên ab_yô_n s_i_nô ên trên)
Não vou de avião, mas de trem.

OTRO, OTRA; OTROS, OTRAS / OUTRO, OUTRA, OUTROS, OUTRAS

Estudio **otra** lección.
(êst_u_dyô _ô_tra lêkθy_ô_n)
Eu estou estudando outra lição.

Tomamos **otro** café con leche.
(tôm_á_môs _ô_trô kaf_ê_ kôn l_ê_tchê)
Nós estamos tomando outro café com leite.

Nunca traduza outro como "**un otro**". Este é um erro bastante comum entre estudantes falantes do português que estão aprendendo espanhol e por isso, deve-se prestar muita atenção.

Lição 3

MUCHO, MUCHA; MUCHOS, MUCHAS / MUITO, MUITA; MUITOS, MUITAS.

Usted tiene **mucho trabajo**.
(ust__êθ__ ty__ê__nê m__u__tchô trab__a__hô)
O senhor tem muito trabalho.

Muchas personas van a escuelas de idiomas.
(m__u__tchas pêrs__ô__nas bán a êsk__wê__las dê id__y__ômas)
Muitas pessoas frequentam as escolas de idiomas.

---

9. VERBOS / VERBOS

Trabajar foi o modelo que usamos na Lição 2 para estudar os verbos regulares terminados em **-ar**. **Beber** é o modelo de verbo regular para os terminados em **-er** e **vivir** é um modelo para os terminados em **-ir**. Isso significa que, se você aprender as terminações desses verbos, saberá conjugar os demais verbos regulares perfeitamente e a maioria dos verbos irregulares, que, embora mudem a raiz, possuem as mesmas terminações dos verbos regulares.

Verbos semelhantes a **beber** são: **comer** e **correr**

Beb-er / Beber	
Yo beb**o**	Eu bebo
Tú beb**es**	Você bebe
Usted, Él, Ella beb**e**	O senhor, a senhora, ele, ela bebe
Nosotros, nosotras beb**emos**	Nós bebemos
Vosotros, vosotras beb**éis**	Vocês bebem
Ustedes, Ellos, Ellas beb**en**	Os senhores, as senhoras, eles, elas bebem

Verbos similares a **escribir** são: **vivir**/viver e **insistir**/insistir

Escrib-ir / Escrever	
Yo escrib**o**	Eu escrevo
Tú escrib**es**	Você escreve
Usted, Él, Ella escrib**e**	O senhor, a senhora, ele, ela escreve
Nosotros, nosotras escrib**imos**	Nós escrevemos
Vosotros, vosotras escrib**ís**	Vocês comem
Ustedes, Ellos, Ellas escrib**en**	Os senhores, as senhoras, eles, elas escrevem

Comemos en el hotel todos los días.
kôm__ê__môs ên êl ôt__ê__l t__ô__dôs lôs d__í__as)
Nós comemos no hotel todos os dias.

Lição 3

Ellos **beben** solamente té y café.
(êlhôs bêbên sôlamêntê tê i kafê)
Eles bebem apenas chá e café.

Este deportista **corre** muy rápido.
(êstê dêpôrtista kôrrê muy rrapidô)
Este esportista corre muito rápido.

¿Dónde **vive** usted?
(¿dôndê bibê ustêê?)
Onde o senhor mora?

Assim como **ser**, na Lição 1, os verbos seguintes são irregulares. Isso significa que a raiz muda sem seguir uma norma específica, padronizada. No entanto, muitos desses verbos sofrem mudanças semelhantes. Veja os exemplos a seguir. Você nota um padrão comum na forma da primeira pessoa (**yo**)?

Salir *Sair*	**Salgo.** *Eu saio.*
Venir *Vir*	**Vengo.** *Eu venho.*
Decir *Dizer*	**No digo mucho sobre eso.** *Não digo nada sobre isso.*

Tener é outro verbo cuja primeira pessoa é semelhante às apresentadas anteriormente (**tengo**). Sua conjugação é:

Yo teng**o**	Eu tenho
Tú tien**es**	Você tem
Usted, Él, Ella tien**e**	O senhor, a senhora, ele, ela tem
Nosotros, nosotras ten**emos**	Nós temos
Vosotros, vosotras ten**éis**	Vocês têm
Ustedes, Ellos, Ellas tien**en**	Os senhores, as senhoras, eles, elas têm

É comum usá-lo em expressões que, em geral, indicam sensações e necessidades humanas e, em alguns casos, em português são construídas com "sentir" ou "estar com". Veja alguns exemplos:

tener frío
sentir, estar com frio

tener suerte
ter sorte

tener hambre
sentir, estar com fome

tener calor
sentir, estar com calor

tener sed
estar com sede

tener miedo
ter, estar com medo

Lição 3

Yo **no tengo** calor sino frío.
(nô têngô kalôr sinô friô)
Eu não estou com calor, mas com frio.

¿No tienen café aquí?
(¿nô tyênên kafê aki?)
Vocês não têm café aqui?

Ir é um verbo muito comum, e também é irregular.

Yo **voy**	Eu vou
Tú **vas**	Você vai
Usted, Él, Ella **va**	O senhor, a senhora, ele, ela vai
Nosotros, nosotras **vamos**	Nós vamos
Vosotros, vosotras **vais**	Vocês vão
Ustedes, Ellos, Ellas **van**	Os senhores, as senhoras, eles, elas vão

O sentido do verbo é literal (**ir a**, **al**/ ir à, ao, para)

Vamos a Lima.
(bámôs a Lima)
Nós vamos a Lima.

¿Ellos **van** al aeropuerto?
(¿êlhôs bán al aêrôpwêrtô?)
Eles vão para o aeroporto?

Ir também é utilizado para expressar a ideia de "ir fazer alguma coisa". Nesse caso, ao contrário do português, obrigatoriamente vem com a **preposição a + verbo no infinitivo**:

Voy a hablar español.
(bôy a ablar êspánhôl)
Vou falar espanhol.

No van a vivir en aquella ciudad.
(no bán a bibir en akela ciudaθ)
Eles não vão morar naquela cidade.

Na Lição 2, você aprendeu o verbo **ser**, utilizado para expressar quem é uma pessoa ou o que é uma coisa ou animal, ou seja, para referir-se às características ou traços mais permanentes. O verbo **estar** é utilizado para indicar localizações e para descrever condição ou estado de pessoas, objetos, animais e lugares. Sua conjugação é a seguinte:

Yo **estoy**	Eu estou
Tú **estás**	Você está
Usted, Él, Ella **está**	O senhor, a senhora, ele, ela está
Nosotros, nosotras **estamos**	Nós estamos
Vosotros, vosotras **estáis**	Vocês estão
Ustedes, Ellos, Ellas **están**	Os senhores, as senhoras, eles, elas estão

Lição 3

El hotel **está** en la otra calle.
(êl ôtêl êsta ên la ôtra kalhê)
O hotel fica na outra rua.

¿Dónde **está** la foto de la otra casa?
(¿dôndê êsta la fôtô dê la ôtra kassa?)
Onde está a foto da outra casa?

¿Cómo **está** usted?
(¿kômô êsta ustêθ?)
Como o senhor está? ou *Como vai o senhor?*

Estoy muy bien, gracias.
(estoy muy byên, graθyas)
Estou muito bem, obrigado ou *Vou bem, obrigado.*

VOLVER significa "voltar" ou "retornar". Também é utilizado com a preposição **a** seguida de um verbo no infinitivo para expressar que você vai voltar a fazer alguma coisa.

Volver tem uma irregularidade muito comum nos verbos no presente do indicativo, principalmente se forem de segunda ou terceira conjugações: a mudança do **-o-** da raiz para **-ue-**. Observe que isso acontece com todas as pessoas do verbo no presente, exceto com **nosotros** e **vosotros**. Você pode usar **volver** como modelo para outros verbos com a mesma mudança na raiz, como **contar**, **encontrar**, **poder**, **morir** etc.

Yo **vuelvo**	Eu volto
Tú **vuelves**	Você volta
Usted, Él, Ella **vuelve**	O senhor, a senhora, ele, ela volta
Nosotros, nosotras **volvemos**	Nós voltamos
Vosotros, vosotras **volvéis**	Vocês voltam
Ustedes, Ellos, Ellas **vuelven**	Os senhores, as senhoras, eles, elas voltam

¿**Volvéis a** Valparaíso?
(¿bôlbêys a Balparaissô?)
Vocês vão voltar para Valparaíso?

Volvemos todos **a** estudiar gramática.
(bôlbêmôs tôdôs a êstudyar grámatika)
Nós todos voltamos a estudar gramática.

Vuelve a escribir la postal.
(bwêlbê a êskribir la pôstal)
Escreva o cartão-postal novamente.

Observe que **volver** vem sempre acompanhado da preposição **a**, assim como o verbo **ir**, por causa de seu sentido direcional.

Lição 3

VOCABULARIO / VOCABULÁRIO

el viaje: a viagem
el autobús: o ônibus
el taxi: o táxi
el metro: o metrô
el pasaporte: o passaporte
el carnet de identificación personal: o RG, a carteira de identidade
el billete: a passagem
el avión: o avião
el aeropuerto: o aeroporto
el bolso: a bolsa
la maleta: a mala
la falda: a saia
el suéter: a blusa de frio, o agasalho
el zapato: o sapato
las zapatillas de deporte: os tênis
la blusa: a blusinha (para mulher)
el pantalón: a calça
bueno, buena: bom, boa
malo, mala: mau, má
curioso, curiosa: curioso, curiosa
pues: pois
bueno, pues: bom, então
pronto: logo
mi: meu, minha
sino: mas
para: para
el día: o dia
siete días: sete dias
la hora: a hora
otro, otra: outro, outra
hoy: hoje
¿cómo?: como?
¿a qué hora?: (a) que horas?
mucho, mucha: muito, muita
todo, toda: todo, toda
el trabajo: o trabalho
el lápiz: o lápis
el bolígrafo: a caneta
hablar: falar
escribir: escrever
vivir: morar, viver
insistir: insistir
beber: beber
venir: vir

Lição 3

decir: dizer
tener: ter
tener frío: sentir, estar com frio
tener calor: sentir, estar com calor
tener sed: estar com sede
tener hambre: ter fome, sentir fome
tener miedo: ter, estar com medo
tener suerte: ter sorte
ir: ir
ir a ir a, para
volver: voltar
el tren: o trem
el número: o número
el teléfono: o telefone
el toro: o touro
la vaca: a vaca
el padre: o pai
la madre: a mãe
la mano: a mão
la foto: a foto
la moto: a moto
el hotel: o hotel
la calle: a rua
la clase: a aula
la leche: o leite
la tarde: a tarde
la gente: as pessoas
la llave: a chave
el día: o dia
el programa: o programa
el problema: o problema
con: com

EJERCICIOS / EXERCÍCIOS

Exercício A

Responda às perguntas usando informações do diálogo que introduz esta lição.

Ex.:
¿Anita va de viaje?
Sí, ella va de viaje.

1. ¿Tiene un billete para el avión? _____

Lição 3

2. ¿Dónde está el billete? _____

3. ¿Viaja con una maleta grande? _____

4. ¿Qué tiene en la maleta? _____

5. ¿Tiene pasaporte o carnet de identidad? _____

6. ¿Adónde va la srta. Anita Vázquez _____

7. ¿Cómo va a ir al aeropuerto? _____

8. ¿Sale hoy? _____

9. ¿A qué hora va a salir? _____

10. ¿Cuándo vuelve Anita? _____

11. ¿David va a viajar también? _____

12. David es muy curioso, ¿verdad? _____

13. ¿Y usted? ¿Viaja mucho? _____

14. Para ir al aeropuerto ¿toma usted un taxi, un autobús o el metro?
_____

Visite <http://www.berlitzpublishing.com> para atividades extras na internet – vá à seção de downloads e conecte-se com o mundo em espanhol!

Lição

4 HABLANDO POR TELÉFONO
FALANDO AO TELEFONE

A esposa do Sr. Martínez liga para seu vizinho, Paco, para conversar um pouco com ele. Escute a conversa e saiba sobre os planos da Sra. Martínez.

Sra. Martínez **¿Paco? ¿Qué tal? ¿Cómo está?**
(¿Pakô? ¿kê tal? Kômo êsta?)
Paco? Tudo bem? Como vai?

Paco **Estoy bien, gracias. En casa...**
(êstôy byên, graθyas. Ên kassa)
Tudo bem, obrigado. Em casa...

Sra. Martínez **¿Qué día es hoy? Es jueves, ¿verdad?**
(¿kê dia ês oy? Ês hwêbês, ¿bêrdaθ?)
Que dia é hoje? É quinta, certo?

Paco **¿Jueves? ¡Qué va! No es jueves. Tengo mi agenda aquí. Hoy es viernes. ¿Por qué?**
(¿hwêbês? ¡kê ba! Nô ês hwêbês. Têngô mi ahênda aki. Ôy ês byêrnês. ¿Pôr kê?)

Lição 4

	Quinta? Não! Não é quinta. Estou com a minha agenda aqui. Hoje é sexta. Por quê?
Sra. Martínez	**¿Viernes, ya? ¡Pero es verdad!** (¿by__ê__rnês, ya? p__ê__ro ês bêr__daθ__) *Sexta, já? Mas é verdade!*
Paco	**Sí, es viernes, pero... ¿qué pasa?** (si, ês by__ê__rnês, p__ê__rô... ¿kê p__a__sa?) *Sim, é sexta... mas... por quê?*
Sra. Martínez	**Bueno, esta tarde Pablo y yo estamos citados con algunos amigos de la oficina. Son tres: Eduardo, Roberto y Juanita. Son muy simpáticos.** (bw__ê__nô, __ê__sta t__a__rdê P__a__blô i yô est__á__mos cit__a__dos kôn algunôs am__i__gôs dê la ôfi__θ__ina. Sôn três: Êdu__a__rdô, RRôb__ê__rtô i Hwan__i__ta. Sôn muy simp__a__tikôs.) *Bem, é que esta tarde Pablo e eu temos um encontro com alguns amigos do escritório. São três: Eduardo, Roberto e Juanita. São muito simpáticos.*
Paco	**¡Estupendo! ¿Adónde ván ustedes?** (êstup__ê__ndô. ¿Ad__ô__ndê bán ust__ê__des?) *Que bacana! Aonde vocês vão?*
Sra. Martínez	**Primero vamos al teatro. ¿Quiere venir?** (prim__ê__rô b__á__mos al te__a__trô. ¿ky__ê__rê ben__i__r?) *Primeiro vamos ao teatro. Quer vir?*
Paco	**No, gracias. Yo no quiero ir. Estoy cansado.** (nô, gra__θ__yas. Yô nô ki__ê__ro ir. êst__ô__y k__á__ns__a__dô) *Não, obrigado. Estou cansado.*
Sra. Martínez	**Hay una obra muy buena en el teatro Liceo. Después vamos a cenar en un restaurante. ¿Qué hora es ahora?** (ay una __ô__bra muy bw__ê__na ên êl te__a__trô Li__θ__êô. Dêsp__wê__s b__á__môs a __θ__ên__a__r ên un rrêstawr__á__ntê. ¿kê __ô__ras ês a__ô__ra?) *Há uma peça muito boa no teatro Liceo. Depois vamos jantar em um restaurante... Que horas são agora?*
Paco	**Son casi las ocho.** (sôn k__a__ssi las __ô__tchô) *Quase oito.*

Lição 4

Sra. Martínez **¿Cómo? ¿Son las ocho? ¡Ay, Dios mío! Los amigos de Pablo vienen a las ocho y media. ¡Adiós, hasta luego, Paco!**
(¿kômo? ¿sôn las ôtchô? ay, Dyôs miô. Lôs amigôs de Pablô byênên a las ôtchô i mêdya. Adyôs, asta luego, Pakô)
Como? São oito? Meu Deus! Os amigos do Pablo vêm às oito e meia. Tchau, Paco!

Paco **¡Adiós, Laura! ¡Hasta otro día!**
(adyôs, Lawra. Asta ôtrô dia)
Tchau, Laura! Até outro dia.

GRAMÁTICA / GRAMÁTICA

1. EL PLURAL / O PLURAL

Se um substantivo terminar em vogal (**a**, **e**, **i**, **o**, **u**), é preciso acrescentar **-s** para formar o plural: amigo, amigo**s**; amiga, amiga**s**.

Se um substantivo terminar em uma consoante, é preciso acrescentar **-es** para formar o plural: hotel, hotel**es**; bar, bar**es**.

Se um substantivo terminar em **-z**, o **-z** muda para **-c**, e acrescentamos **-es** no final: lápiz, lápi**c**es. Lembre-se de que, quando um substantivo estiver no plural, o adjetivo e o artigo que o acompanham devem estar também no plural, assim como o verbo que o acompanha, se for o caso.

Esta ciudad tiene un hotel estupendo.
Esta**s** ciudad**es** **tienen unos** hotel**es** estupendo**s**.

¿Dónde está el restaurante chino?
¿Dónde **están los** restaurante**s** chino**s**?

2. HAY / HÁ

Hay é a forma impessoal do verbo **haber** no presente do indicativo, utilizada para expressar a existência de pessoas, coisas e lugares. Assemelha-se aos verbos "ter" e "haver" do português. Você deve ficar atento para não usar o verbo **tener** para indicar a existência de algo ou alguém, pois **tener** significa **poseer** (possuir).

Hay un billete de avión en su bolso.
Há uma passagem de avião na sua bolsa.

¿**Hay** un calendario en esta oficina?
Há um calendário neste escritório?

Hay muchas personas en el autobús.
Há muitas pessoas no ônibus.

¿Qué **hay** en la maleta de Anita?
O que tem na mala da Anita?

Lição 4

3. ES, ESTÁ / É, ESTÁ

A maioria dos usos de ambos os verbos é semelhante ao português. No entanto, há algumas diferenças importantes nas quais você deve prestar atenção.

Ser é utilizado para expressar características de uma coisa ou pessoa inerentes a ela e permanentes.

Es una casa. **Son** unas casas.
É uma casa. São umas casas.

Es simpático.
É simpático.

Estar é utilizado para expressar a localização de algo ou alguém ou para indicar estados de ânimo ou características temporárias.

El calendario no **está** en la maleta.
O calendário não está na mala.

Pablo **está** bien.
Pablo está bem.

Mi casa **está** cerca de aquí.
A minha casa é perto daqui.

Observe que, nesse último exemplo, usa-se o verbo **estar** para localização em espanhol, enquanto em português é comum usarmos o verbo **ser**.

4. LAS PREPOSICIONES / AS PREPOSIÇÕES

A
A (movimento)

Voy
Vou

A + EL = AL
ao (antes de um substantivo masculino)

Vamos
Vamos

a la oficina.
ao escritório

a la escuela.
à escola.

al banco.
ao banco.

al aeropuerto.
ao aeroporto.

al teatro.
ao teatro.

a la ciudad.
à cidade.

a Londres.
a Londres.

al hotel.
ao hotel.

al parque.
ao parque.

al museo.
ao museu.

al bar.
ao bar.

39

5. **VERBO + A + PERSONA** / VERBO + A + PESSOA

Quando o objeto direto de um verbo é uma pessoa definida, é preciso colocar **a** antes dela.

La señora Martínez invita **a** Paco.
A senhora Martínez está convidando o Paco.

Llama **a** su amigo por teléfono.
Ligue para o seu amigo.

Quando o objeto direto de um verbo é uma coisa, não é preciso colocar **a**. Veja os seguintes exemplos:

Veo **a** mis amigos el jueves.
Vou ver meus amigos na quinta-feira.

Veo la maleta y el bolso de Anita.
Estou vendo a mala e a bolsa da Anita.

Esperamos **al** profesor.
Estamos esperando o professor.

Esperan el autobús.
Eles estão esperando o ônibus.

---

6. **DE** / DE

Es el escritorio **de** Paco.
É a escrivaninha do Paco.

Aqui, a preposição **de** indica posse.

Aquí hay una foto **de** Roma.
Aqui tem uma foto de Roma.

Nos exemplos a seguir, a preposição **de** indica origem.

Soy **de** Bogotá.
Eu sou de Bogotá.

¿**De** dónde viene usted?
De onde o senhor vem?

DE + EL = **DEL** (antes de um substantivo masculino)
Essa contração pode ser traduzida como "do" ou "de", dependendo do contexto em que aparece. Veja os seguintes exemplos.

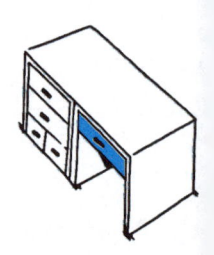

Es una foto **del** centro de Londres.
É uma foto do centro de Londres.

¿Tienes la dirección **del** teatro?
Você tem o endereço do teatro?

   del hotel.
   do hotel.

   del profesor italiano.
   do professor italiano.

   del museo.
   do museu.

   del parque.
   do parque.

Vengo **del** banco.
Estou vindo do banco.

¿Volvéis **del** teatro?
Vocês estão voltando do teatro?

   del cine.
   do cinema.

   del bar.
   do bar.

Lembre-se de que em espanhol há apenas duas contrações, **a + el = al (ao)** e **de + el = del (do)**. Não há outras contrações possíveis nesta língua.

---

7. EN / EM

Los niños están **en** la escuela.
As crianças estão no colégio.

   en el teatro.   **en** el coche.
   no teatro.   *no carro.*

   en casa.   **en** la mesa.
   em casa.   *na mesa.*

8. **NÚMEROS** / **NÚMEROS**

1	2	3	4	5
uno/una	dos	tres	cuatro	cinco
6	7	8	9	10
seis	siete	ocho	nueve	diez
11	12	20	25	
once	doce	veinte	veinticinco	

La lección **cuatro** es muy interesante, ¿verdad?
A lição quatro é muito interessante, não é?

Hay **cinco** cines en esta ciudad.
Há cinco cinemas nesta cidade.

Anita tiene **veinticinco** centavos en su bolso.
Anita tem vinte e cinco centavos na sua bolsa.

En este libro hay **veinte** lecciones.
Neste livro há vinte lições.

9. ¿QUÉ HORA ES? / QUE HORAS SÃO?

Em espanhol, expressa-se o tempo utilizando sempre o verbo **ser**. O verbo deve ser conjugado no singular (**es**) quando se faz a pergunta e quando a hora corresponde à uma hora. Para indicar as demais horas, usa-se o verbo **ser** no plural (**son**).

¿Qué hora es?
Que horas são?

Es la una.
É uma hora.

Son las dos.
São duas horas.

Para indicar que passou uma quantidade de minutos da hora, acrescente **y** e o número de minutos. É comum o uso de **y** para indicar que se passaram até 35 minutos.

Son las dos **y** cinco.
São duas e cinco.

Lição 4

Son las dos **y** diez.
São duas e dez.

Son las dos **y** veinte.
São duas e vinte.

Son las dos **y** veinticinco.
São duas e vinte e cinco.

Para expressar que passaram quinze minutos de uma hora, acrescente **y cuarto**. Para expressar que passou meia hora, acrescente **y media**.

Son las dos y cuarto.
São duas e quinze.

Son las dos y media.
São duas e meia.

Para expressar quantos minutos faltam para determinada hora, acrescente **menos** seguido do número de minutos. Se forem quinze minutos para certa hora, acrescente **menos cuarto**.

Son las cuatro **menos** veinticinco.
São três e trinta e cinco.

Son las cuatro **menos** veinte.
Faltam vinte para as quatro ou são vinte para as quatro.

Son las cuatro **menos** cuarto.
Faltam quinze para as quatro ou são quinze para as quatro.

Son las cuatro **menos** diez.
Faltam dez para as quatro ou são dez para as quatro.

Son las cuatro **menos** cinco.
Faltam cinco para as quatro ou são cinco para as quatro.

Son las tres.
São três horas.

las cuatro
quatro horas

las cinco
cinco horas

las seis y diez
seis e dez

las siete y cuarto
sete e quinze

las ocho y media
oito e meia

las nueve menos veinte
vinte para as nove

las diez menos cuarto
quinze para as dez

Son las once **y** tres minutos.
São onze e três.

Son las doce.
São doze horas.

Para expressar meio-dia e meia-noite em ponto, você também pode dizer:

Es mediodía/medianoche.
É meio-dia / meia-noite.

---

10. **VERBOS PODER, PONER, EMPEZAR, QUERER, PREFERIR / VERBOS PODER, PÔR, COMEÇAR, QUERER, PREFERIR**

Apresentamos aqui alguns verbos muito importantes. Todos possuem irregularidades na raiz. Você já viu alguns deles nas lições anteriores. Lembre-se dos verbos **tener** e **volver**. Você consegue identificar pelo menos um dos verbos abaixo que tenha irregularidades semelhantes às dos verbos **tener** ou **volver**?

	PODER	PONER	EMPEZAR	QUERER	PREFERIR
	poder	*pôr*	*começar*	*querer*	*preferir*
Yo (eu)	Puedo	Pongo	Empiezo	Quiero	Prefiero
Tú (você)	Puedes	Pones	Empiezas	Quieres	Prefieres
Usted, Él, Ella (O senhor, a senhora, ele, ela)	Puede	Pone	Empieza	Quiere	Prefiere
Nosotros, nosotras (nós)	Podemos	Ponemos	Empezamos	Queremos	Preferimos
Vosotros, vosotras (vocês)	Podéis	Ponéis	Empezáis	Queréis	Preferís
Ustedes, Ellos, Ellas (Os senhores, as senhoras, eles, elas)	Pueden	Ponen	Empiezan	Quieren	Prefieren

Lição 4

VOCABULARIO / **VOCABULÁRIO**

Señora, sra.: senhora, Sra.
Señor, sr.: senhor, Sr.
Señorita: srta., senhorita, Srta.
hablar por teléfono: falar ao telefone
llamar por teléfono: ligar, telefonar
¿Adónde?: Aonde?
¿Dígame?¿Sí?: alô (ao atender o telefone)
¿Cómo está?: Como vai?
¿Por qué?: Por quê?
el restaurante: o restaurante
el bar: o bar
el cine: o cinema
el teatro: o teatro
la obra de teatro: a peça
el parque: o parque
el centro: o centro
la casa: a casa
estar en casa (de): estar em casa (com de – estar na casa de alguém)
Tener una cita/estar citado: ter um encontro, uma reunião
el amigo: o amigo
la amiga: a amiga
¿Qué día es?: Que dia é?
¿Qué hora es?: Que horas são?
la mañana: a manhã
la noche: a noite
¡Buenos días!: Bom dia!
¡Buenas tardes!: Boa tarde!
¡Buenas noches!: Boa noite!
lunes: segunda-feira
martes: terça-feira
miércoles: quarta-feira
jueves: quinta-feira
viernes: sexta-feira
sábado: sábado
domingo: domingo
la agenda: a agenda
el calendario: o calendário
el número de teléfono: o número de telefone
ya: já, ok!
entonces: então
muy: muito
después: depois
casi: quase

Lição 4

la oficina: o escritório
estupendo, estupenda: fantástico, maravilha
querer: querer, desejar
cenar: jantar
invitar: convidar
el escritorio: a escrivaninha
el plural: o plural
la preposición: a preposição
uno, una: um, uma
dos: dois
tres: três
cuatro: quatro
cinco: cinco
seis: seis
siete: sete
ocho: oito
nueve: nove
diez: dez
once: onze
doce: doze
veinte: vinte
veinticinco: vinte e cinco
Es la una: É uma hora.
Son las ocho: São oito horas.
Son las ocho y media: São oito e meia.
Son las ocho y cuarto: São oito e quinze.
Son las ocho menos cuarto: Faltam quinze para as oito, São quinze para as oito.

EJERCICIOS / EXERCÍCIOS

Exercício A

Escreva as seguintes horas em espanhol.

1. É uma hora.
   _____

2. São duas e dez. _____

3. São oito e meia. _____

4. São cinco e quinze. _____

5. Faltam quinze para as dez. _____

6. São sete e vinte. _____

7. São onze e trinta e cinco. _____

8. É meio-dia. _____

9. É meio-dia e meia. _____

Lição 4

Responda às perguntas usando as informações do diálogo que introduz esta lição.

Exercício B

1. ¿Dónde está la señora Martínez? _____
2. ¿A quién llama por teléfono? _____
3. ¿Qué día es? _____
4. ¿Cómo sabe Paco qué día es? _____
5. ¿Cómo son los amigos de la oficina? _____
6. ¿Adónde van primero los Martínez y los amigos? _____
7. ¿Y después? _____
8. ¿Paco quiere ir también? _____
9. ¿Qué hora es? _____
10. ¿A qué hora vienen los amigos de los Martínez? _____

> Visite <http://www.berlitzpublishing.com> para atividades extras na internet – vá à seção de downloads e conecte-se com o mundo em espanhol!

Lição

5   EL JEFE Y EL EMPLEADO
O CHEFE E O FUNCIONÁRIO

Juan tenta causar uma boa impressão no trabalho e é sempre muito pontual. Ele tem um chefe muito exigente. Escute o diálogo e saiba o que está acontecendo no escritório hoje.

El jefe   **¡Hola, Juan! Es usted puntual. Está bien porque tenemos mucho trabajo hoy.**
(ôla, Hwán. Ês ustêθ puntual. Êsta byên pôrkê tênêmôs mutchô trabahô ôy)
Olá, Juan! O senhor é pontual. Isso é bom porque temos muito trabalho hoje.

El empleado   **Sí, señor. Ya lo sé. Hay algunas cartas para mandar.**
(si, sênhôr. Ya lô sê. ay algunas kartas para mándar)
Sim, senhor. Já sei. Tem algumas cartas para mandar.

El jefe   **¿Cuántas cartas hay?**
(¿kwántas kartas ay?)
Quantas cartas há?

48

Lição 5

El empleado	Hay ciento veinticinco cartas, señor.
	(ay θyêntô bêyntiθinkô kartas, sênhôr)
	Há cento e vinte e cinco cartas, senhor.
El jefe	¿Ciento veinticinco? ¡Qué horror!
	(¿θyêntô bêyntiθinkô? kê orrôr)
	Cento e vinte e cinco? Que horror!
El empleado	Pero con mi ordenador[1] no tardo tanto. Y podemos mandar las cartas por correo electrónico.
	(pêro kôn mi ôrdênadôr nô tardô tántô. I pôdêmôs mándár las cartas pôr korrêô êlêktrônikô)
	Mas, com o meu computador, não demoro muito. E podemos enviá-las por e-mail.
El jefe	Bueno, ¡siéntese! Puede empezar a escribir las cartas. ¿Tiene la lista de clientes? También puede contestar el teléfono hoy.
	(bwênô. Syêntêsê. Pwêdê êmpêθar a êskribir las kartas. ¿Tyênê la lista dê kliêntês? Tambiên puêdê kôntêstár êl têlêfônô ôy)
	Muito bem, sente-se! Pode começar a escrever as cartas. Tem a lista de clientes? Você também pode atender o telefone hoje.
El empleado	Sí, señor. Tengo la lista y las direcciones de correo electrónico.
	(si, sênhôr. Têngô la lista i las dirêkθiônês dê corrêo êlêtkóniko)
	Sim, senhor. Tenho a lista e os endereços de e-mail.
El jefe	Muy bien, Juan. Y llame a mi secretaria por favor. No sé dónde está.
	(muy byên, Hwán. I lhamê a mi sêkrêtarya pôr fabôr. Nô sê dôndê êsta)
	Muito bem, Juan. E chame a minha secretária, por favor. Não sei onde ela está.
El empleado	Sí, señor. ¿Ahora mismo?
	(si, sênhôr. ¿aôra mizmô?)
	Sim, senhor. Agora mesmo?

[1]Na América Latina, é mais comum dizer "la computadora".

GRAMÁTICA / **GRAMÁTICA**

1. **SABER Y CONOCER / SABER E CONHECER**

Saber e **conocer** têm significados semelhantes. No entanto, assim como no caso de **ser** e **estar**, respondem a regras específicas de uso. A conjugação é a seguinte:

SABER	
Yo sé	*Eu sei*
Tú sabes	*Você sabe*
Usted, Él, Ella sabe	*O senhor, a senhora, ele, ela sabe*
Nosotros, nosotras sabemos	*Nós sabemos*
Vosotros, vosotras sabéis	*Vocês sabem*
Ustedes, Ellos, Ellas saben	*Os senhores, as senhoras, eles, elas sabem*

CONOCER	
Yo conozco	*Eu conheço*
Tú conoces	*Você conhece*
Usted, Él, Ella conoce	*O senhor, a senhora, ele, ela conhece*
Nosotros, nosotras conocemos	*Nós conhecemos*
Vosotros, vosotras conocéis	*Vocês conhecem*
Ustedes, Ellos, Ellas conocen	*Os senhores, as senhoras, eles, elas conhecem*

Saber é utilizado normalmente para expressar coisas que você sabe, como uma "informação em sua mente".

No **sé** el número de teléfono.
Não sei o número do telefone.

¿**Sabéis** cuándo Anita va de viaje?
Vocês sabem quando Anita vai viajar?

¿**Sabes** dónde está la secretaria?
Você sabe onde está a secretária?

Também é utilizado frequentemente com um verbo no infinitivo para indicar que se sabe como fazer algo.

¿**Sabe** usted contar en español?
O senhor sabe contar em espanhol?

Lição 5

Sí, **sé**.
Sim, sei.

Conocer é utilizado normalmente para indicar que você tem familiaridade com uma pessoa, lugar ou coisa.

Conocen Buenos Aires.
Eles conhecem Buenos Aires.

¿**Conoce a** mi jefe?
O senhor conhece o meu chefe?

2. PODER / PODER

Para mais detalhes sobre poder, veja a Lição 4.

Assim como no caso de **saber**, **poder** também pode ser utilizado antes de um verbo no infinitivo.

Paco **puede** ir al teatro pero no quiere.
Paco pode ir ao teatro, mas ele não quer.

Podemos coger[1] el metro.
Podemos pegar o metrô.

Lembre-se de que, tanto em espanhol como em português, para indicar que se sabe como fazer alguma coisa, deve-se usar **saber**.

¿No **sabes** escribir en el ordenador?
Você não sabe digitar?

Sabe contar de cero a cien.
Ele sabe contar de zero a cem.

3. VERBOS / VERBOS

Na Lição 4 você aprendeu a conjugação do verbo **empezar** (começar). Esse verbo tem uma irregularidade na raiz que você vai encontrar também em outros verbos: a mudança da vogal **-e** para **-ie**. Observe que não há irregularidade nem no infinitivo, nem em **nosotros** e **vosotros** no presente do indicativo. Veja que **comenzar** e **empezar** são sinônimos.
COMENZAR (começar) é conjugado da mesma maneira:

COMENZAR	
Yo comienzo	*Eu começo*
Tú comienzas	*Você começa*

Coger é usado basicamente na Espanha. Na América Latina é comum dizer *tomar ou agarrar* em vez de *coger*: "*Podemos tomar el metro*".

51

Lição 5

Usted, Él, Ella comienza	O senhor, a senhora, ele, ela começa
Nosotros, nosotras comenzamos	Nós começamos
Vosotros, vosotras comenzáis	Vocês começam
Ustedes, Ellos, Ellas comienzan	Os senhores, as senhoras, eles, elas começam

O oposto de **comenzar** e **empezar** é **terminar**. É um verbo regular terminado em **-ar**.

¿A qué hora **empiezan** y **terminan** las clases?
Que horas as aulas começam e terminam?

Há outros verbos que são muito úteis: **abrir** e **cerrar** (fechar). **Cerrar** segue a mesma irregularidade de **empezar** e **comenzar**.

	ABRIR
Yo abro	*Eu abro*
Tú abres	*Você abre*
Usted, Él, Ella abre	*O senhor, a senhora, ele, ela abre*
Nosotros, nosotras abrimos	*Nós abrimos*
Vosotros, vosotras abrís	*Vocês abrem*
Ustedes, Ellos, Ellas abren	*Os senhores, as senhoras, eles, elas abrem*

	CERRAR
Yo cierro	*Eu fecho*
Tú cierras	*Você fecha*
Usted, Él, Ella cierra	*O senhor, a senhora, ele, ela fecha*
Nosotros, nosotras cerramos	*Nós fechamos*
Vosotros, vosotras cerráis	*Vocês fecham*
Ustedes, Ellos, Ellas cierran	*Os senhores, as senhoras, eles, elas fecham*

¿Cuándo **abre** el banco?
Quando o banco abre?

¿A qué hora **cierran** la puerta?
Que horas fecham a porta?

4. MÁS NÚMEROS / MAIS NÚMEROS

Veja que entre os números há semelhanças na escrita. Identificá-las vai ajudá-lo a aprendê-los com mais facilidade:

uno (1)	once (11)
dos (2)	doce (12)
tres (3)	trece (13)
cuatro (4)	catorce (14) etc.

Veja também como se formam os números entre 16-19 e 21-29. Estes números são escritos em uma única palavra.

dieciséis	veintiuno
diecisiete	veintidós
dieciocho	veinticinco
diecinueve	veintiocho

No entanto, depois do **veintinueve** (29) os números devem ser escritos em palavras separadas.

30	31	32
treinta	treinta y uno	treinta y dos
40	50	60
cuarenta	cincuenta	sesenta
70	80	90
setenta	ochenta	noventa
100	125	
cien	ciento veinticinco	

Observação: Depois de cem, todos os números se formam usando **ciento** seguido do restante dos números sem a conjunção **e**. Então, se quiser dizer 101, deve dizer **ciento uno**; 102, **ciento dos** etc. A conjunção é usada somente entre dezena e unidade (do 31 ao 99).

5. ¿CUÁNTO, CUÁNTA?; ¿CUÁNTOS, CUÁNTAS? / QUANTO?, QUANTA?; QUANTOS?, QUANTAS?

Embora as expressões em espanhol para quanto(a) e quantos(as) sejam bastante fáceis, você precisa tomar cuidado para não confundir

Lição 5

cuánto, **cuánta** com **cuántos**, **cuántas**. O segundo par NÃO é o plural do primeiro. **Cuánto** e **cuánta** referem-se à quantidade de alguma coisa incontável. **Cuántos**, **cuántas**, com o *s* no final, são usados para perguntar sobre a quantidade de um objeto contável. Apenas o gênero da palavra muda nos dois casos, pois deve corresponder àquilo do que você está falando. Veja os seguintes exemplos:

¿**Cuántos** reales tiene usted?
Quantos reais o senhor tem?

No sé **cuántos** empleados trabajan aquí.
Não sei quantos funcionários trabalham aqui.

¿**Cuánta** leche toma usted?
Quanto leite o senhor toma?

¿**Cuánto** tiempo tengo que trabajar?
Quanto tempo tenho de trabalhar?

---

6. LAS PREGUNTAS / AS PERGUNTAS

Em espanhol, os pronomes interrogativos levam acento na sílaba tônica. Lembre-se dos pronomes interrogativos mais comuns.

¿**Dónde** vive él? No sé **dónde** vive.
Onde ele mora? Não sei onde mora.

¿**Cuánto** es? Quiero saber **cuánto** es.
Quanto é? Quero saber quanto é.

¿**Cómo** está? Ella pregunta **cómo** está.
Como vai? Ela pergunta como vai.

¿**Quién** viene y **cuándo**? Es necesario saber **quién** viene y **cuándo**.
Quem vem e quando? É necessário saber quem vem e quando.

¿**Por qué** quieres otro ordenador?
Por que você quer outro computador?

Para responder a um ¿**Por qué?**, utiliza-se **porque**, junto e sem acento.

Voy a cenar **porque** son las nueve.
Eu vou jantar porque são nove horas.

---

7. ADJETIVOS IRREGULARES / ADJETIVOS IRREGULARES

Alguns adjetivos, quando precedem um substantivo masculino singular, perdem o **-o** final. Esse fenômeno é chamado de **apócope**. Acontece só com alguns adjetivos, mas é importante considerá-los.

Lição 5

bueno	Es un **buen** amigo. *Ele é um bom amigo.*
mas:	Es una **buena** amiga. *Ela é uma boa amiga.*
malo	Es un **mal** hombre. *Ele é um homem mau.*
mas:	Es una **mala** mujer. *Ela é uma mulher má.*
alguno	¿Tienes **algún** dinero? *Você tem algum dinheiro?*
mas:	¿Tienes **alguna** idea? *Você tem alguma ideia?*
ninguno (nenhum)	No tengo **ningún** periódico. *Não tenho nenhum jornal.*
mas:	No tengo **ninguna** carpeta. *Não tenho nenhuma pasta.*

Alguns adjetivos mudam o significado dependendo da posição na frase, se estiverem antes ou depois do verbo.

Es un hombre **grande**. *Ele é um homem grande.*	Es una casa **grande**. *É uma casa grande.*
mas:	
Es un **gran** hombre. *Ele é um grande homem.*	Vivo en una **gran** ciudad. *Moro em uma grande cidade.*

A forma apocopada de **grande** é **gran** antes de qualquer substantivo, singular, masculino ou feminino. Vai depois do substantivo, se fizer referência ao tamanho. Precede o substantivo, se fizer referência à qualidade.

POSESIVOS / POSSESSIVOS

Mi (meu, minha) e **su** (seu, sua) são pronomes e flexionam em número de acordo com o substantivo com o qual concordam:

mi maleta	*minha mala*
mis maletas	*minhas malas*

Se **su** for ambíguo, coloque **de él**, **de ella**, **de usted(es)** depois do substantivo para determiná-lo.

su casa	**(la casa de él)**	*Sua casa (dele)*
su casa	**(la casa de ella)**	*Sua casa (dela)*
su casa	**(la casa de ellos)**	*Sua casa (deles)*

9. ESTAR + GERUNDIO / ESTAR + GERÚNDIO

Estar é usado com o gerúndio para formar o presente contínuo. É importante notar que, em espanhol, essa forma não deve ser usada para indicar eventos futuros, como se faz em inglês. Para expressar eventos futuros em espanhol, deve-se utilizar **ir + a + verbo**. Veja os seguintes exemplos:

| *Este fim de semana vamos a Madri.* | Este fin de semana **vamos a ir** a Madrid. |
| *Estou estudando.* | **Estoy estudiando.** |

Para formar o gerúndio dos verbos, é preciso tirar o **-ar** do infinitivo e acrescentar **-ando**. Para os verbos terminados em **-er**, **-ir**, acrescenta-se **-iendo**.

tomar	tom**ando**
comer	com**iendo**
viajar	viaj**ando**
hacer	hac**iendo**

Estoy cenando.
Estou jantando.

Están estudiando francés.
Eles estão estudando francês.

Están bebiendo agua.
Eles estão bebendo água.

Él **está escribiendo** una carta.
Ele está escrevendo uma carta.

Veja a diferença entre os exemplos anteriores e as frases seguintes, nas quais a ação não está acontecendo no momento da fala, mas são afirmações gerais.

Cenan a las nueve.
Eles jantam às nove.

Estudia francés.
Ele estuda francês.

Beben agua.
Eles bebem água.

Ella **escribe** una carta todos los días.
Ela escreve uma carta todos os dias.

---

10. VERBOS REFLEXIVOS / VERBOS REFLEXIVOS

Os verbos reflexivos, como o nome indica, refletem a ação na pessoa que fala. Há verbos terminados em **-ar**, **-er**, **-ir**, regulares e irregulares. No entanto, todos têm uma coisa em comum: incluem um pronome reflexivo. Os pronomes reflexivos são os seguintes:

me	te	se
nos	os	se

No infinitivo, todos os verbos reflexivos terminam em **-se**: **llamarse**, **levantarse**, **sentarse**.

llamarse (chamar-se)	**sentarse** (sentar-se)
me llamo	**me** siento
te llamas	**te** sientas
se llama	**se** sienta
nos llamamos	**nos** sentamos
os llamáis	**os** sentáis
se llaman	**se** sientan

Se llama Federico.
Ele se chama Federico.

Me siento en el sofá.
Eu me sento no sofá.

No **me llamo** María.
Eu não me chamo Maria.

Quando os verbos são conjugados, os pronomes reflexivos devem ser colocados antes. Somente irão após o verbo e junto dele quando estiverem no infinitivo (**-ar**, **-er**, **-ir**), gerúndio ou imperativo afirmativo. Quando aparecem em uma perífrase (junção de dois verbos) de gerúndio **estoy estudiando**) ou de infinitivo (**voy a estudiar**), devem vir antes do primeiro verbo ou colados no final do gerúndio ou infinitivo. NUNCA devem aparecer entre os dois verbos.

Voy a sentar**me** aquí.
Vou me sentar aqui.

Me voy a sentar aquí.
Vou me sentar aqui.

Está lavándo**se**.
Ele está se lavando.

Se está lavando.
Ele está se lavando.

levantarse	*levantar-se*
lavarse	*lavar-se*
ducharse	*tomar uma ducha*
bañarse	*tomar banho*

11. EL IMPERATIVO / O IMPERATIVO

Em espanhol, assim como em português, o imperativo não é utilizado somente para "dar ordens". Também é usado para fazer pedidos, dar conselhos e instruções em geral. Siga as indicações abaixo para formar o imperativo em situações informais (**tú**, **vosotros**) ou formais (**usted**, **ustedes**), tanto no singular quanto no plural.

Singular

Verbos terminados em -ar		Verbos terminados em -er ou -ir	
Tú	Usted	Tú	Usted
(Informal)	(Formal)	(Informal)	(Formal)
Cerrar Cierra	Cierre	**Volver** Vuelve	Vuelva
Cantar Canta	Cante	**Partir** Parte	Parta

Se o verbo em infinitivo terminar em **-ar**, tire o **-r** e mantenha a terminação **-a** na formação do imperativo em **tú** e mude o **-a** da terminação para **-e** na formação do imperativo em **usted**.

*Llam***a** al jefe. (informal)
Chame o chefe.

Cierr**a** el bar ahora mismo. (informal)
Feche o bar agora mesmo.

Coment**e** sobre su problema. (formal)
Comente sobre seu problema.

Se o verbo em infinitivo terminar em **-er** ou **-ir**, será o contrário: tire o **-r** e mantenha a terminação **-e** na formação do imperativo em **tú** e mude o **-e** da terminação para **-a** na formação do imperativo em **usted**.

Part**e** muy temprano mañana. (informal)
Saia bem cedo amanhã.

Resuelv**e** todo con atención. (informal)
Resolva tudo com atenção.

Viv**a** la vida intensamente. (formal)
Viva a vida intensamente.

Plural

Verbos terminados em -ar			Verbos terminados em -er ou -ir		
	Vosotros (Informal)	**Ustedes** (Formal)		**Vosostros** (Informal)	**Ustedes** (Formal)
Cerrar	Cerr**ad**	Cierr**en**	**Volver**	Volv**ed**	Vuelv**an**
Cantar	Cant**ad**	Cant**en**	**Partir**	Part**id**	Part**an**

Para formar o imperativo informal com **vosotros**, basta tirar o **-r** da terminação e acrescentar o **-d**:

Beb**ed** más vino, amigos! (informal)
Bebam mais vinho, amigos!

Abr**id** la puerta, chicos! (informal)
Abram a porta, meninos!

Volv**ed** a sus lugares! (informal)
Voltem a seus lugares!

Para formar o imperativo formal com **ustedes**, basta acrescentar **-n** à forma em **usted**:

Apagu**en** los móviles, señores! (formal)
Desliguem os celulares, senhores!

Abr**an** los libros en la página 41. (formal)
Abram os livros na página 41.

Vuelv**an** a sus lugares. (formal)
Voltem a seus lugares!

Os verbos que são irregulares no presente mantêm as irregularidades no imperativo, exceto no imperativo com **vosotros**. Os verbos reflexivos levam o pronome no final formando uma palavra só no imperativo afirmativo.

59

Lição 5

¡Siéntate allí! (informal)
Sente-se ali!

¡Siéntese allí! (formal)
Sente-se ali!

¡Sentaros allí! (informal)
Sentem-se ali!

¡Siéntense allí! (formal)
Sentem-se ali!

VOCABULARIO / **VOCABULÁRIO**

el jefe, la jefa: o chefe, a chefa
el empleado, la empleada: o funcionário, a funcionária
el secretario, la secretaria: o secretário, a secretária
el coche: o carro
ser puntual: ser pontual
está bien: está bem, ok
apagar: desligar
cerrar: fechar
Ya lo sé: Já sei.
conocer: conhecer
empezar: começar
comenzar: começar
correo electrónico: e-mail
dirección de correo electrónico: endereço de e-mail
llamar: chamar, ligar
llamarse: chamar-se
lavarse: lavar-se
tardar en demorar em
contestar: responder
escribir en el ordenador: digitar
levantarse: levantar-se
bañarse: tomar banho
ducharse: tomar uma ducha
irse: ir embora
el sofá: o sofá
la carta: a carta
la puerta: a porta
el euro: o euro
el real: o real
el dinero: o dinheiro
el ordenador: o computador
la computadora: o computador (Am. L.)
la lista: a lista
la idea: a ideia
el periódico: o jornal
el agua: a água
¿cuándo?: quando?
¿cuánto?, ¿cuánta?: quanto?, quanta?

Lição 5

¿cuántos?, ¿cuántas?: quantos?, quantas?
¿por qué?: por quê?
mismo, misma: mesmo, mesma
ahora mismo: agora mesmo
cero: zero
trece: treze
catorce: catorze
quince: quinze
dieciséis: dezesseis
diecisiete: dezessete
dieciocho: dezoito
diecinueve: dezenove
veintiuno: vinte e um
veintidós: vinte e dois
veintitrés: vinte e três
veinticuatro: vinte e quatro
veinticinco: vinte e cinco
veintiséis: vinte e seis
veintisiete: vinte e sete
veintiocho: vinte e oito
veintinueve: vinte e nove
treinta: trinta
treinta y uno: trinta e um
cuarenta: quarenta
cincuenta: cinquenta
sesenta: sessenta
setenta: setenta
ochenta: oitenta
noventa: noventa
cien, ciento: cem, cento
ciento veinticinco: cento e vinte e cinco
bueno, buena: bom, boa
malo, mala: mau, má
el infinitivo: o infinitivo
el adjetivo: o adjetivo

EJERCICIOS / **EXERCÍCIOS**

Você consegue escrever em espanhol, por extenso, os números indicados abaixo?

Exercício A

1. 12 **doce**
2. 16 _____
3. 18 _____
4. 23 _____
5. 31 _____
6. 36 _____
7. 42 _____
8. 55 _____

Lição 5

9. 63 _____ 12. 99 _____
10. 74 _____ 13. 100 _____
11. 88 _____ 14. 126 _____

Exercício B

E os dias da semana?

Segunda-feira <u>lunes</u> Sexta-feira _____

Terça-feira _____ Sábado _____

Quarta-feira _____ Domingo _____

Quinta-feira _____

Exercício C

Responda às perguntas usando as informações do diálogo que introduz esta lição.

1. ¿Quién es puntual? _____
2. ¿Tienen mucho trabajo hoy? _____
3. ¿Cuántas cartas tienen que mandar? _____
4. ¿Va a tardar mucho el empleado? ¿Por qué?
   _____
5. ¿Quién va a sentarse? _____
6. ¿Qué listas tiene? _____
7. ¿A quién va a llamar el empleado? _____
8. ¿El jefe sabe dónde está su secretaria? _____

Visite <http://www.berlitzpublishing.com> para atividades extras na internet – vá à seção de downloads e conecte-se com o mundo em espanhol!

Lição

REVISÃO: LIÇÕES 1-5

6

Agora que você já tem mais prática oral de espanhol, ouça novamente os diálogos das lições 1 a 5 e repita.

Diálogo 1

O Sr. Martínez está dando uma olhada em uma banca, procurando alguns mapas para sua próxima viagem. Ouça o diálogo e veja o que ele encontra.

Sr. Martínez	**¡Hola, buenos días!** (ôla, bwênôs dias)
Vendedor	**Buenos días, señor. ¿Qué tal?** (bwênôs dias, sênhôr. ¿Kê tal?)
Sr. Martínez	**Muy bien, gracias.** (muy byên, graθyas)
	Un momento, por favor. Una pregunta... (un momêntô, pôr fabôr. Una prêgunta)

63

Lição 6

Vendedor	¿Sí, señor? (¿Si, sê<u>nh</u>ôr?)
Sr. Martínez	¿Esto es un plano? (¿<u>ês</u>tô ês un p<u>lá</u>nô?)
Vendedor	Sí, señor. Es un plano. (si, sê<u>nh</u>ôr. Ês un p<u>lá</u>nô)
Sr. Martínez	¿Y esto? ¿Es un plano o un mapa? (¿i <u>ês</u>tô? ¿Ês un p<u>lá</u>nô ô un <u>ma</u>pa?)
Vendedor	Esto es un mapa. (<u>ês</u>tô ês un <u>ma</u>pa)
Sr. Martínez	¡Bien! ¿Y esto? ¿ Es un mapa también? (byên. ¿I <u>ês</u>tô? ¿ Ês un <u>ma</u>pa tám<u>by</u>ên?)
Vendedor	No, señor. No es un mapa. Es un libro. (nô, sê<u>nh</u>ôr. Nô ês un <u>ma</u>pa. Ês un <u>li</u>brô)
Sr. Martínez	Muy bien, gracias por todo. ¡Hasta luego! (muy byên, <u>gra</u>θyas pôr <u>tô</u>dô. <u>As</u>ta l<u>wê</u>gô)
Vendedor	¡Adiós, señor, hasta luego! (a<u>dyôs</u>, sê<u>nh</u>ôr, <u>as</u>ta l<u>wê</u>go)

Diálogo 2

O Sr. Martínez e a Sra. Vázquez se encontram pela primeira vez. Escute o diálogo para descobrir o que estão falando.

Sr. Martínez	¡Hola, buenos días! Soy Pablo Martínez. Y usted, ¿quién es? (ôla, <u>bw</u>ênôs <u>dí</u>as. Sôy <u>Pa</u>blô Martinêθ. I us<u>têθ</u> ¿kyên ês?)
Srta. Vázquez	Yo soy Anita Vázquez. Y usted, ¿es mexicano? (<u>Y</u>ô sôy A<u>ni</u>ta <u>Ba</u>θkêθ. Y us<u>têθ</u> ¿Ês us<u>têθ</u> mêhi<u>ká</u>nô?)
Sr. Martínez	No, no soy mexicano. No soy venezolano y no soy argentino tampoco. (nô, nô sôy mêhi<u>ká</u>nô. Nô sôy bênêθô<u>lá</u>nô y no sôy arhên<u>ti</u>nô tám<u>pô</u>kô.)
Srta. Vázquez	¿De qué nacionalidad es usted? (¿dê quê naθionali<u>da</u>θ ês us<u>têθ</u>?)
Sr. Martínez	Yo soy español. Soy de Madrid. Y usted, ¿de dónde es? (yô sôy êsp<u>á</u>nhôl. Sôy de Ma<u>dri</u>θ. I us<u>têθ</u> ¿dê <u>dôn</u>dê ês?)

Lição 6

Srta. Vázquez Yo soy de Barcelona. Ahora trabajo aquí en la Ciudad de México, en un banco. Es un banco muy grande. ¿Y usted, dónde trabaja?
(sôy dê Barθêlôna. Aôra trabahô aki ên la θyudaθ dê Mêhikô, ên un bánkô. Ês un bánkô muy grándê.
¿I ustêθ, dôndê trabaha?)

Sr. Martínez ¿Yo? Yo trabajo en una escuela. Soy profesor.
(¿yô? trabahô ên un eskuêla. Sôy prôfêsôr)

Um jovem passa e cumprimenta o Sr. Martínez.

Srta. Vázquez ¿Quién es este chico?
(¿Kyên ês êstê tchikô?)

Sr. Martínez Es David. Estudia español. David, ¡un momento, por favor!
(ês Dabiθ. Êstudya êspánhôl. Dabiθ, un mômêntô, pôr fabôr)

David ¡Hola, buenos días, señorita!
(ôla, bwênôs días, sênhôrita)

Sr. Martínez Señorita Vázquez, David; David, la señorita Vázquez.
(sênhôrita Baθkêê, Dabiθ; Dabiθ, sênhôrita Baθkêθ)

David Encantado.
(ênkántadô)

Srta. Vázquez Mucho gusto.
(mutchô gustô)

Diálogo 3

A Srta. Anita Vázques está guardando algumas coisas antes de sair de viagem. David lhe faz uma visita para conversar um pouco.

David Anita, ¿tiene un billete para el avión?
(Anita, ¿tyênê un bilhêtê para êl abyôn?)

Anita Sí, David. Tengo un billete de Iberia. Está en mi bolso.
(si, Dabiθ. Têngô un bilhêtê dê ibêrya. Êsta ên mi bôlsô)

Lição 6

David También tiene una maleta, ¿verdad?
(támbyên tyênê una malêta, ¿bêrdaθ?)

Anita Sí, ¡claro! Viajo con una maleta grande. En la maleta tengo una falda, un suéter, dos o tres blusas, un pantalón, zapatillas de desporte...
(si, klarô. Byahô kôn una malêta grándê. Ên la malêta têngô una falda, un suêter, dôs ô três blussas, un pantalôn, θapatilhas dê dêpôrtê)

David ¿Tiene pasaporte o carnet de identidad?
(¿tyênê pasapôrtê ô karnê dê idêntidaθ?)

Anita Sí, tengo un pasaporte.
(si, têngô un pasapôrtê)

David Bueno pues ¿adónde va? ¿A Nueva York?
(bwênô pwês ¿adôndê ba? ¿A Nwêba Yôrk?)

Anita No, no voy a Nueva York sino a Sevilla, en España.
(nô, nô bôy a Nwêba Yôrk sinô a Sêbilha, ên Êspánha)

David ¿Para ir al aeropuerto toma un taxi o el metro, o va en autobús?
(¿para ir al aêrôpwêrtô tôma un taksi ô êl mêtrô, ô ba ên awtôbus?)

Anita Voy en taxi.
(bôy ên taksi)

David ¿Cuándo sale? ¿Hoy?
(¿kwándô salê? ¿oy?)

Anita No. Salgo mañana.
(nô. Salgô mánhána.)

David ¿A qué hora?
(¿a kê ôra?)

Anita A las tres. Es usted muy curioso, David.
(a las três. ês ustêθ muy kuryôssô, Dabiθ)

David Pero vuelve pronto, ¿verdad?
(Pêrô bwêlbê prôntô, ¿bêrdaθ?)

Anita Sí, vuelvo en ocho días. Tengo mucho trabajo aquí.
(si, bwêlbô ên ôtchô días. Têngô mutchô trabahô aki)

David ¡Buen viaje, Anita! ¡Hasta pronto!
(bwên byahê, Ánita. Asta prôntô)

Anita ¡Hasta luego! ¡A estudiar!
(Asta lwêgô. A êstudyar)

Lição 6

Diálogo 4

A esposa do Sr. Martínez liga para seu vizinho, Paco, para conversar um pouco com ele. Escute a conversa e saiba sobre os planos da Sra. Martínez.

Sra. Martínez	¿Paco? ¿Qué tal? ¿Cómo está? (¿P̲akô? ¿kê tal? ¿k̲ômo êst̲a?)
Paco	Estoy bien, gracias. En casa... (êst̲ôy̲ byên, graθyas. Ên k̲assa)
Sra. Martínez	¿Qué día es hoy? Es jueves, ¿verdad? (¿kê d̲ia ês oy? Ês hwêbês, ¿bêrd̲aθ?)
Paco	¿Jueves? ¡Qué va! No es jueves. Tengo mi agenda aquí. Hoy es viernes. ¿Por qué? (¿hwêbês? ¡kê ba! Nô ês hwêbês. T̲êngô mi ahênda ak̲i. Ôy̲ ês by̲êrnês. ¿Pôr kê?)
Sra. Martínez	¿Viernes, ya? Pero es verdad. (¿by̲êrnês, ya? p̲êro ês bêrd̲aθ)
Paco	Sí, es viernes, pero... ¿qué pasa? (si, ês by̲êrnês, p̲êrô... ¿kê p̲asa?)
Sra. Martínez	Bueno, esta tarde Pablo y yo estamos citados con algunos amigos de la oficina. Son tres: Eduardo, Roberto y Juanita. Son muy simpáticos. (bwênô, êst̲a t̲ardê P̲ablô i yô est̲ámôs θit̲ádos algun̲ôs am̲igôs dê la ôfiθina. Sôn três: Êdu̲ardô, RRôb̲êrtô i Hwan̲ita. Sôn muy simp̲atikôs.)
Paco	¡Estupendo! ¿Adónde van ustedes? (êstup̲êndô. ¿Ad̲ôndê bán ust̲êdês?)
Sra. Martínez	Primero vamos al teatro. ¿Quiere venir? (prim̲êrô b̲ámos al têat̲rô. ¿ky̲êrê ven̲ir?)
Paco	No, gracias. Yo no quiero ir. Estoy cansado. (nô, graθyas. ês kê êst̲ôy̲ muy káns̲adô)
Sra. Martínez	Hay una obra muy buena en el teatro Liceo. Después vamos a cenar en un restaurante... ¿Qué hora es ahora? (ay una ô̲bra muy bwêna ên êl têat̲rô Liθ̲êô. Dêsp̲wês b̲ámôs a θên̲ar ên un rrêstawr̲ántê. ¿kê ô̲ras ês aô̲ra?)
Paco	Son casi las ocho. (sôn k̲assi las ô̲tchô)

Lição 6

Sra. Martínez ¿Cómo? ¿Son las ocho? ¡Ay, Dios mío! Los amigos de Pablo vienen a las ocho y media. ¡Adiós, hasta luego, Paco!
(¿kômo? ¿sôn las ôtchô? ay, Dyôs miô. Lôs amigôs de Pablô byênên a las ôtchô i mêdya. Adyôs, asta luêgo Pakô)

Paco ¡Adiós, Laura! ¡Hasta otro día!
(adyôs, Lawra. Asta ôtrô dia)

Diálogo 5

Juan tenta causar uma boa impressão no trabalho e é sempre muito pontual. Ele tem um chefe muito exigente. Escute o diálogo e saiba o que está acontecendo no escritório hoje.

El jefe ¡Hola, Juan! Es usted puntual. Está bien porque tenemos mucho trabajo hoy.
(ôla, Hwán. Ês ustêê puntual. Êsta byên pôrkê tênêmôs mutchô trabahô ôy)

El empleado Sí, señor. Ya lo sé. Hay algunas cartas para mandar.
(si, sênhôr. Ya lô sê. ay algunas kartas para mándar)

El jefe ¿Cuántas cartas hay?
(¿kwántas kartas ay?)

El empleado Hay ciento veinticinco cartas, señor.
(ay θyêntô bêyntiθinkô kartas, sênhôr)

El jefe ¿Ciento veinticinco? ¡Qué horror!
(¿θyêntô bêyntiθinkô? kê orrôr)

El empleado Pero con mi ordenador no tardo tanto. Y podemos mandar las cartas por correo electrónico.
(pêro kôn mi ôrdênadôr nô tardô tántô. I pôdêmôs mándar las kartas pôr korrêô êlêktrônikô)

El jefe Bueno, ¡siéntese! Puede empezar a escribir las cartas. ¿Tiene la lista de clientes? También puede contestar el teléfono hoy.
(bwênô. Syêntêsê. Pwêdê êmpêθar a êskribir las kartas. ¿Tyênê la lista dê kliêntês? tambiên puêdê kôntêstár êl têlêfônô ôy)

Lição 6

El empleado	**Sí, señor. Tengo la lista y las direcciones de correo eletrónico.** (si, sênhôr. Têngô la lista i las dirêkθiônês dê corrêo êlektróniko)
El jefe	**Muy bien, Juan. Y llame a mi secretaria por favor. No sé dónde está.** (muy byên, Hwán. I lhamê a mi sêkrêtarya pôr fabôr. Nô sê dôndê êsta)
El empleado	**Sí, señor. ¿Ahora mismo?** (si, sênhôr. ¿aôra mizmô?)

VOCABULÁRIO EXTRA

el repaso: a revisão
la frase: a oração
el artículo: o artigo
leer: ler
escoger: escolher
escribir en el ordenador: digitar

EJERCICIOS / EXERCÍCIOS

Exercício A

Escolha o artigo que corresponde a cada substantivo e certifique-se de que está concordando em gênero e número.

Ex.:
la pregunta
el aeropuerto
los mapas
las guías

1. _____ diálogo
2. _____ bancos
3. _____ escuelas
4. _____ clase
5. _____ boleto
6. _____ centro
7. _____ falda
8. _____ autobús
9. _____ taxi
10. _____ hora
11. _____ día
12. _____ guías
13. _____ tarde
14. _____ noche
15. _____ restaurante
16. _____ hotel

Lição 6

17. _____ trabajo
18. _____ oficina
19. _____ carta
20. _____ ordenadores
21. _____ jefe
22. _____ empleada
23. _____ lista
24. _____ sillas
25. _____ foto
26. _____ mujer
27. _____ moto
28. _____ hombres
29. _____ amigo
30. _____ agenda
31. _____ avión
32. _____ páginas
33. _____ teatro
34. _____ cine
35. _____ calles
36. _____ teléfono
37. _____ fax
38. _____ vacaciones
39. _____ señores
40. _____ chico

Exercício B

Complete os espaços em branco com a forma adequada dos verbos entre parênteses.

Ex.:
(saber) No **sé** qué hora es.
(estudiar) Nosotros **estudiamos** español.

1. (estar) El avión _____ en el aeropuerto.
2. (ser) Yo no _____ italiano.
3. (salir) ¿A qué hora _____ usted?
4. (tener) Yo no _____ ninguna idea.
5. (trabajar) ¿Dónde _____ vosotros?
6. (ir) Elena _____ de viaje.
7. (saber) Nosotros no _____ decir esto.
8. (querer) ¿Tú _____ venir al cine?
9. (poder) Yo no _____ hacer este ejercicio.
10. (ser) Usted _____ muy simpática.
11. (decir) Yo _____ que es verdad.
12. (volver) Él no _____ a casa tampoco.
13. (empezar) ¿Ustedes _____ a hablar bien el español?
14. (hablar) Ellos _____ mucho.

Lição 6

15. (escribir) ¿Están _____ a máquina ahora?
16. (poner) Yo no _____ la dirección del hotel.
17. (saber) Vosotros _____ qué día es hoy?
18. (conocer) Yo no _____ a María.
19. (viajar) ¿Tú _____ en autobús?
20. (preferir) Yo _____ café con leche.

Apenas uma das opções é correta para completar cada oração. Você consegue descobrir qual?

Exercício C

Ex.:
Estudio con mi **libro** de español.
libro/libra/carné

1. No soy inglés. No soy francés _____.
   también/tampoco/pero

2. ¿De qué nacionalidad _____ usted?
   es/está/hay

3. Anita va _____ Sevilla mañana.
   a/ahora/en

4. ¿Quién es _____ chico?
   esto/esta/este

5. Viajo _____ una maleta.
   en/a/con

6. Mi _____ es muy alto.
   esposa/esposo/casa

7. Invito _____ Paco.
   a/por/la

8. Están _____ el centro.
   a/en/de

9. Son las siete y _____ voy.
   me/mi/mis

10. _____ salir, cierro la puerta.
    por/de/al

11. Es un _____ señor.
    gran/grande/grandes

12. ¿Tienes _____ idea buena?
    algún/algunas/alguna

Lição

7
¿QUÉ QUIEREN TOMAR?
O QUE VÃO QUERER?

Son las diez de la mañana del domingo y Anita y Alberto están sentados en la terraza de un café. Van a desayunar. El camarero está cerca de su mesa.
São dez horas da manhã do domingo e Anita e Alberto estão sentados no terraço de uma cafeteria. Vão tomar café da manhã. O garçom está perto da mesa deles.

Camarero
: Buenos días, ¿qué quieren tomar?
Bom dia, o que vão querer?

Alberto
: ¡Buenos días! Para mí, café con leche, unas tostadas y un bollo, por favor, con mermelada y mantequilla.
Bom dia! Para mim, café com leite, umas torradas e um pão doce, por favor, com geleia e manteiga.

Camarero
: ¿Y para usted, señorita?
E para a senhorita?

Anita
: Para mí, té con limón. Me gusta el té. Y una magdalena también.
Para mim, chá com limão. Eu gosto de chá. E uma carolina também.

Lição 7

Alberto ¿Qué piensa hacer hoy, Anita?
Que planos você tem para hoje, Anita?

Anita Nada especial. Voy a pasear. Me gusta pasear.
Nada em especial. Vou passear. Gosto de passear.

Alberto ¿Algo más?
Algo mais?

Anita También me encantan los monumentos históricos. Estoy pensando ir a la catedral o a algún museo, o al río. No quiero dormir la siesta. Me interesan mucho las ciudades antiguas como Sevilla.
Também adoro monumentos históricos. Estou pensando em ir à catedral ou a algum museu, ou ao rio. Não quero fazer a sesta. Acho muito interessante as cidades antigas como Sevilha.

Alberto ¿Una siesta? Yo tampoco.
Uma sesta? Eu também não.

Anita ¿Qué va a hacer entonces? ¿Ir a tomar vino y tapas?
O que você vai fazer então? Sair para tomar vinho e comer algo?

Alberto No lo sé. ¿Por qué no vamos al cine? Hay una película nueva. ¿Vamos? ¿De acuerdo?
Não sei. Por que não vamos ao cinema? Tem um filme novo. Vamos?

Anita Está bien, pero quiero ver la ciudad también. ¿A qué hora quiere ir al cine?
Tudo bem, mas também quero ver a cidade. Que horas você quer ir ao cinema?

Alberto La sesión de la tarde, a las siete, está bien, pero si prefiere la sesión de noche, a las diez, entonces vamos a las diez.
A sessão do final da tarde, a das sete, é interessante, mas se você preferir ir à noite, às dez, vamos às dez.

Anita Y mientras tanto podemos visitar algunos museos e ir de paseo.
E, enquanto isso, podemos visitar alguns museus e passear um pouco.

(Media hora después)
(Meia hora mais tarde)

Alberto ¡Camarero! La cuenta, por favor.
Garçom! A conta, por favor.

Camarero Sí, señor. ¿Algo más?
Pois não, senhor. Algo mais?

Lição 7

Alberto	**Nada más, gracias. ¿Cuánto le debo?**
	Só isso, obrigado. Quanto é?
Camarero	**Son siete euros con veinte.**
	São sete euros e vinte centavos.
Alberto	**Aquí tiene.**
	Aqui está.

GRAMÁTICA / GRAMÁTICA

1. **PENSAR, CREER, ACABAR / PENSAR, ACREDITAR, ACABAR**

	PENSAR
Yo **pienso**	*Eu penso/acho*
Tú **piensas**	*Você pensa/acha*
Usted, Él, Ella **piensa**	*O senhor, a senhora, ele, ela pensa/acha*
Nosotros, nosotras **pensamos**	*Nós pensamos/achamos*
Vosotros, vosotras **pensáis**	*Vocês pensam/acham*
Ustedes, Ellos, Ellas **piensan**	*Os senhores, as senhoras, eles, elas pensam/acham*

	CREER
Yo **creo**	*Eu acredito*
Tú **crees**	*Você acredita*
Usted, Él, Ella **cree**	*O senhor, a senhora, ele, ela acredita*
Nosotros, nosotras **creemos**	*Nós acreditamos*
Vosotros, vosotras **creéis**	*Vocês acreditam*
Ustedes, Ellos, Ellas **creen**	*Os senhores, as senhoras, eles, elas acreditam*

	ACABAR
Yo **acabo**	*Eu acabo*
Tú **acabas**	*Você acaba*
Usted, Él, Ella **acaba**	*O senhor, a senhora, ele, ela acaba*
Nosotros, nosotras **acabamos**	*Nós acabamos*
Vosotros, vosotras **acabáis**	*Vocês acabam*
Ustedes, Ellos, Ellas **acaban**	*Os senhores, as senhoras, eles, elas acabam*

Lição 7

Pensar tem a irregularidade na raiz de **-e** para **-ie** quando o **-e** estiver na sílaba tônica. Os verbos **pensar** e **creer** têm o sentido de "achar, acreditar", ou seja, ter opinião sobre algo. No entanto, **creer** é um verbo regular. Vale lembrar que **pensar** também pode ser usado no sentido de "ter a intenção de" ou "planejar".

Pienso ir al cine.
Estou pensando em ir ao cinema.

¿No **piensan** volver hoy?
Vocês não pensam em voltar hoje?

Outros dois significados importantes de **pensar** são:
PENSAR EN: *pensar em*

Piensan solo en sus vacaciones.
Eles só pensam nas férias.

Pienso en las tapas estupendas de aquel bar.
Estou pensando nos petiscos deliciosos daquele bar.

PENSAR DE: *pensar de (achar, ter uma opinião sobre)*

¿Qué **piensa** del nuevo aeropuerto?
O que você acha do novo aeroporto?

ACABAR DE + *infinitivo: ter acabado de*

Embora **acabar** seja utilizado no sentido de "terminar alguma coisa", quando a preposição **de** for acrescentada após o verbo e logo em seguida vier um verbo no infinitivo, indica que o sujeito acabou de fazer aquilo que menciona. Veja os seguintes exemplos:

Acabo mis estudios en 2014.
Vou acabar meus estudos em 2014.

Acabo de contestar el teléfono.
Acabo de atender o telefone.

Acaban de salir.
Acabam de sair.

Acabamos de desayunar.
Acabamos de tomar café da manhã.

2. ME INTERESA, ME GUSTA, ME ENCANTA / INTERESSA-ME, GOSTO DE, ADORO

Ao ver o pronome **me**, você pode pensar que se trata de outro verbo reflexivo, mas não é o caso. Veja que a terminação do verbo não está em primeira pessoa (**yo**), como aconteceria com um verbo reflexivo: **me**

Lição 7

levanto (levantar-se) ou **me ducho** (tomo uma ducha). Essas expressões significam que "algo" ou "alguém" me interessa, me agrada, me encanta, ou, em outras palavras: Eu estou interessado em..., Eu gosto de..., Eu adoro...

Então, para simplificar, quando, em espanhol, você diz "**Me gusta Barcelona**", você está dizendo "Eu gosto de Barcelona". Há muitos verbos que funcionam como **gustar** (**encantar** e **interesar** são dois exemplos). Para todos eles, você precisa aprender basicamente duas formas: singular e plural, já que esses verbos não se referem à pessoa que fala, mas às coisas ou pessoas das quais se fala. Nesse caso, a única coisa que muda é o número de coisas ou pessoas das quais o falante gosta. Veja os exemplos abaixo:

Me gusta la película. *Eu gosto do filme.*	**Me gustan** las películas. *Eu gosto de filmes.*
Me encanta México. *Eu gosto do México.*	**Me encantan** los mexicanos. *Eu adoro os mexicanos.*

Observação: Lembre-se de que **encantar** significa "adorar", como quando você gosta muito de uma coisa. Para indicar que você ama alguém (a sua mãe, o seu namorado, a sua irmã), utilize o verbo **querer**, não **encantar**.

Me interesa el teatro. *Eu me interesso por teatro.*	**Me interesan** los animales. *Eu me interesso por animais.*

Como você deve ter percebido até agora, o pronome **me** dos exemplos anteriores funciona como pronome de objeto indireto. Veja o quadro seguinte, que apresenta os pronomes de objeto indireto em espanhol.

Me	me (a mim)
Te	lhe (a você - informal)
Se	lhe (a ele, a ela, ao senhor, à senhora a você - formal)
Nos	nos (a nós)
Os	lhes (a vocês)
Se	lhes (a eles, a elas, aos senhores, às senhoras)

Veja os seguintes exemplos:

¿**Le gusta** el vino?
O senhor gosta de vinho?

Les gusta viajar.
Eles gostam de viajar.

Nos encanta la catedral.
Nós adoramos a catedral.

Lição 7

Me interesa visitar los monumentos históricos.
Eu tenho interesse em visitar monumentos históricos.

Lembre-se de que, quando usar **gustar**, ou qualquer verbo que funcione assim, seguido por outro verbo no infinitivo, o primeiro verbo SEMPRE é usado no singular. Veja estes exemplos:

Me gusta comer.	**Me encanta ir a la playa**.
Eu gosto de comer.	*Eu adoro ir à praia.*

3. Y, O / E, OU

Sempre que for seguido de uma palavra começando com **i-** ou **hi-**, **y** (e) muda para **e**.

Me gusta viajar **e** ir de paseo.
Eu gosto de viajar e passear.

Vienen algunos amigos estadounidenses **e** ingleses.
Alguns amigos norte-americanos e ingleses estão vindo.

Sempre que for seguido de uma palavra começando com **o-** ou **ho-**, **o** (ou) muda para **u**.

Tiene siete **u** ocho guías.
Ele tem sete ou oito guias de viagem.

¿Sale usted para Alemania **u** Holanda?
O senhor vai para a Alemanha ou para a Holanda?

4. MAÑANA POR LA MAÑANA / AMANHÃ DE MANHÃ

		la mañana
por	**+**	**la tarde**
		la noche

As frases acima significam "de manhã", "à tarde" e "à noite".

Observe que também é possível escutar **en la mañana**, **en la tarde** e **en la noche** em algumas regiões da América Latina.

Mañana por la mañana significa "amanhã de manhã". Se você utilizar a expressão para determinar um horário, deve usar **de**, como nos exemplos seguintes:

Abren a las diez **de la mañana**.
Eles abrem às dez da manhã.

El avión sale a las ocho **de la noche**.
O avião sai às oito da noite.

---

5. **PARA MÍ / PARA MIM**

Para mí	Para usted	Para nosotros	Para ustedes	Para ellos
Para mim	Para o senhor/a senhora	Para nós	Para os senhores	Para eles

Vino **para mí,** por favor.
Vinho para mim, por favor.

¿Un café **para usted**?
Um café para o senhor?

Por e **para** serão apresentados com detalhe na Lição 9. Por enquanto, tente relembrar as expressões que acabou de aprender.

---

6. **ALGO, NADA; ALGUIEN, NADIE; SIEMPRE, NUNCA / ALGO, NADA; ALGUÉM, NINGUÉM; SEMPRE, NUNCA**

ALGO : NADA	ALGUIEN : NADIE	SIEMPRE : NUNCA
algo : nada	alguém : ninguém	sempre : nunca

Essas palavras pertencem à mesma "família" e se referem a expressões negativas ou afirmativas. As afirmativas são mais fáceis de aprender. No entanto, você deve prestar atenção ao uso das negativas, pois, em alguns casos, pode haver dificuldades. Veja os seguintes exemplos:

Algo pasa. *Algo está acontecendo.*	**No** pasa **nada**. *Não está acontecendo nada.*
¿**Alguien** llama? *Alguém está chamando?*	**No** llama **nadie**. *Ninguém está chamando.*
¿**Alguien** está allí? *Há alguém aí?*	**No, nadie** está allí. *Não, não há ninguém ali.*

¿**Alguien** quiere ir? *Alguém quer ir?*	**Nadie** quiere ir. *Ninguém quer ir.*
Siempre se levanta a las ocho. *Ele sempre se levanta às oito.*	**Nunca** sale. *Ele nunca sai.*

Veja: **nada, nadie, nunca** e **ninguno** podem aparecer antes do verbo. Se vierem depois do verbo, o **no** deve ser colocado antes dessas palavras.

No habla **nadie.** = **Nadie** habla.	*Ninguém está falando.*
No pasa **nada.** = **Nada** pasa.	*Não está acontecendo nada.*
No come **nunca.** = **Nunca** come.	*Ele não come nunca.*

Você deve ter cuidado para não confundir **nada** e **nadie**. O primeiro se refere a "nenhuma coisa", enquanto o segundo, "a nenhuma pessoa".

No veo nada.	*Eu não vejo nada.*
No veo a nadie.	*Eu não vejo ninguém.*

Você já aprendeu (na Lição 5) que **alguno, alguna** e **ninguno, ninguna** significam "algum", "alguma" e "nenhum", "nenhuma".

¿Tiene **algún** dinero?
Você tem algum dinheiro?

No. No tengo **ningún** dinero.
Não. Eu não tenho nenhum dinheiro.

NÚMEROS DESDE 130 / **NÚMEROS A PARTIR DE 130**

ciento treinta
130

ciento cuarenta y cuatro
144

doscientos
200

trescientos
300

cuatrocientos
400

Lição 7

quinientos
500

seiscientos
600

setecientos
700

ochocientos
800

novecientos
900

mil
1000

un millón
1.000,000

dos millones
2.000,000

Estude os seguintes exemplos. Você verá que, quando utilizar os números de 200 a 900 para se referir a coisas específicas, deverá mudar a terminação para que o gênero concorde com a coisa da qual está falando.

Son **ochocientos** reales.
São oitocentos reais.

Son **ochocientas** personas.
São oitocentas pessoas.

Observe que **millón** é precedido de **un**.

Tienen **un millón** de coches.
Eles têm um milhão de carros.

O plural de **millón** é **millones** e, se ambas as palavras forem seguidas de um substantivo, devemos acrescentar a preposição **de**.

Lição 7

Mil cuatrocientos noventa y dos es un año muy importante
Mil quatrocentos e noventa e dois é um ano muito importante.

Dos millones de personas viven en la ciudad.
Dois milhões de pessoas moram na cidade.

VOCABULARIO / VOCABULÁRIO

la terraza: o terraço
un café: um café
el camarero, la camarera: o garçom, a garçonete
la cuenta: a conta
cerca (de): perto
desayunar: tomar café da manhã
tomar: tomar, beber, comer
me interesa: interessa-me
me gusta: gosto de
me encanta: adoro
querer: querer, amar
visitar: visitar
ir de paseo: passear
creer: achar, acreditar, pensar, crer
pensar de: pensar sobre (ter uma opinião sobre)
pensar en: pensar em (sobre, sonhar com)
el bollo: o pão doce
la tostada: a torrada
la mermelada: a geleia
la mantequilla: a manteiga
una magdalena: uma carolina
el té: o chá
el limón: o limão
el vino: o vinho
las tapas: os petiscos
¿Cuánto le debo?: Quanto é?
alguien: alguém
nadie: ninguém
siempre: sempre
el monumento: o monumento
la catedral: a catedral
el museo: o museu
el río: o rio
la siesta: a sesta (dormir à tarde)
la película: o filme
la sesión: a sessão
nuevo, nueva: novo, nova

Lição 7

antiguo, antigua: antigo, antiga
por la mañana: pela manhã
mañana por la mañana: amanhã de manhã
mientras tanto: enquanto isso
de acuerdo: de acordo

EJERCICIOS / EXERCÍCIOS

Responda às perguntas usando informações do diálogo que introduz esta lição.

Exercício A

1. ¿Dónde están sentados Anita y Alberto? _____

2. ¿Qué toma Alberto? _____

3. ¿Qué toma Anita? _____

4. ¿Anita piensa hacer algo especial aquel día? _____

5. ¿Están en una ciudad interesante? _____

6. ¿Alguien quiere dormir la siesta? _____

7. ¿Qué quiere hacer Alberto? _____

8. ¿A qué hora empieza la sesión de la noche? _____

9. ¿Qué van a hacer antes de ir al cine? _____

10. ¿Cómo llama Alberto al camarero? ¿Qué dice?
_____
_____

Lição 7

11. ¿Cuánto paga? _____
_____

12. ¿Qué dice Alberto cuando paga? _____
_____

Exercício B

¿A qué hora sale? Veja o exemplo abaixo e reescreva cada expressão utilizando o relógio de 24 horas.

Ex.:
El vuelo... sale a las quince horas cuarenta y cinco minutos.
Sale a las cuatro menos cuarto de la tarde.

1. Sale a las dieciséis horas y cinco minutos. _____
_____

2. Sale a las veinte horas y treinta minutos. _____
_____

3. Sale a las dieciocho horas y veinticinco minutos.
_____
_____

4. Sale a las veintidós horas. _____
_____

Exercício C

Responda às perguntas utilizando a forma mais apropriada de **nadie**, **nada**, **nunca**, **ninguno** ou **tampoco**.

Ex.:
¿Toma usted algo con el café?
No, no tomo nada.

1. ¿Viene alguien a casa hoy? _____
_____

2. ¿Siempre cena usted en aquel restaurante? _____
_____

3. ¿Tienen ustedes alguna idea? _____
_____

4. ¿Desea usted visitar algún museo? _____

5. ¿Ellos comen tapas también? _____

Visite <http://www.berlitzpublishing.com> para atividades extras na internet – vá à seção de downloads e conecte-se com o mundo em espanhol!

EN UN HOTEL
EM UM HOTEL

Lição 8

El señor Martínez está en la ciudad de Santiago. Va a la pensión Altamira, donde tiene una reserva para la noche. Ahora está hablando con la recepcionista de la pensión.
O senhor Martínez está na cidade de Santiago. Ele vai à pensão Altamira, onde tem uma reserva para a noite. Agora está falando com a recepcionista da pensão.

Recepcionista	**Hola, buenas tardes. ¿Qué desea?** *Olá, boa tarde. O que deseja?*
Sr. Martínez	**Buenas tardes. Tengo una reserva para esta noche.** *Boa tarde. Tenho uma reserva para esta noite.*
Recepcionista	**¿Su nombre, por favor?** *Seu nome, por favor?*
Sr. Martínez	**Soy Pablo Martínez.** *Sou Pablo Martínez.*
Recepcionista	**Bueno... Aquí está... una reserva para una persona.** *Certo... Aqui está... uma reserva para uma pessoa.*

Lição 8

Sr. Martínez	**Pues sí. Para una noche. Me voy mañana por la mañana.** *Isso mesmo. Para uma noite. Vou embora amanhã de manhã.*
Recepcionista	**¿Quiere rellenar esta ficha? ¿Tiene equipaje? Puede darle sus maletas al botones.** *Pode preencher essa ficha? O senhor tem bagagem? Pode dar suas malas ao carregador.*
Sr. Martínez	**¿Tiene bolígrafo, por favor? ¿Equipaje? No llevo nada, solo esta maleta pequeña.** *Tem uma caneta, por favor? Bagagem? Não trago nada, só esta mala pequena.*
Recepcionista	(Pausa) **Aquí tiene la ficha y el bolígrafo.** *(Pausa) Aqui estão a ficha e a caneta.*
Sr. Martínez	**Gracias.** *Obrigado.*
Recepcionista	**¿Habitación individual?** *Quarto individual?*
Sr. Martínez	**No, doble, por favor. Y con vista al mar.** *Não. Duplo, por favor, e com vista para o mar.*
Recepcionista	**Aquí tiene una habitación tranquila con baño completo.** *Aqui está um quarto tranquilo com banheiro completo.*
Sr. Martínez	**¿En qué piso está?** *Em que andar está?*
Recepcionista	**En el tercer piso. Puede tomar el ascensor.** *No terceiro andar. Pode pegar o elevador.*
Sr. Martínez	**¿Hay teléfono en la habitación?** *Tem telefone no quarto?*
Recepcionista	**¡Claro que sí! Aquí tiene la llave. No... un momentito. Es la veintiséis y usted quiere la treinta y seis.** *Sim, claro! Aqui está a chave. Não... um momentinho. Este é o vinte e seis e o senhor quer o trinta e seis.*
Sr. Martínez	**¿Y el comedor? ¿Hasta qué hora sirven la cena y el desayuno?** *E o refeitório? Até que horas são servidos o jantar e o café da manhã?*
Recepcionista	**Está por allí en la planta baja... La cena la sirven hasta las once y el desayuno de ocho a once.** *Fica ali, no térreo... O jantar é servido até as onze, e o café da manhã, das oito às onze.*

Lição 8

Sr. Martínez	**Gracias, señorita.**
	Obrigado, senhorita.
Recepcionista	**No hay de qué. Hasta luego, señor Martínez.**
	De nada. Até logo, senhor Martínez.

* Em alguns países, **el primer piso** (o primeiro andar) é considerado o térreo. Todos os andares seguintes devem ser contados como um a menos.

Portanto, em espanhol:

o primeiro andar é normalmente **la planta baja**;
o segundo andar é normalmente **el primer piso**;
o terceiro andar é normalmente **el segundo piso**;
o quarto andar é normalmente **el tercer piso** etc.

Também é importante observar que, em vez de **primer piso**, em alguns países pode-se escutar **primera planta**. Assim, esteja preparado, pois da mesma forma como o português possui suas variantes nas diversas regiões do Brasil, você vai encontrar variantes no espanhol, de acordo com a região e o país.

GRAMÁTICA / GRAMÁTICA

1. MÁS ADJETIVOS POSESIVOS / MAIS PRONOMES POSSESSIVOS

Como vimos na introdução dos pronomes possessivos na Lição 5, em espanhol eles podem concordar em gênero e número com o objeto que possuem. No plural, **mi** se torna **mis**, **tu** se torna **tus**, **su** se torna **sus** e não têm forma no feminino. No entanto, **nuestro** (nosso) se torna **nuestros** no plural e também possui suas formas femininas: **nuestra**, **nuestras**, da mesma forma que **vuestro** (seu, de vocês), que no plural é **vuestros**, e no feminino, **vuestra**, **vuestras**. Veja os seguintes exemplos:

Nuestra habitación está en este piso. (**habitación** é feminino)
O nosso quarto está neste andar.

Nuestros hijos son estudiantes. (**hijos** é masculino e plural)
Os nossos filhos são estudantes.

2. DAR, SERVIR, VER / DAR, SERVIR, VER

	DAR
	DAR
Yo **doy**	*Eu dou*
Tú **das**	*Você dá*
Usted, Él, Ella **da**	*O senhor, a senhora, ele, ela dá*

Nosotros, nosotras **damos**	*Nós damos*
Vosotros, vosotras **dais**	*Vocês dão*
Ustedes, Ellos, Ellas **dan**	*Os senhores, as senhoras, eles, elas dão*

Ellos **dan** propina al botones.
Eles estão dando gorjeta ao carregador.

Dais comida al perro todos los días.
Vocês dão comida ao cachorro todos os dias.

Ellas **dan** las llaves al señor.
Elas estão dando a chave ao senhor.

Servir tem a mesma irregularidade na raiz quando a vogal estiver na sílaba tônica.

	SERVIR
Yo **sirvo**	*Eu sirvo*
Tú **sirves**	*Você serve*
Usted, Él, Ella **sirve**	*O senhor, a senhora, ele, ela serve*
Nosotros, nosotras **servimos**	*Nós servimos*
Vosotros, vosotras **servís**	*Vocês servem*
Ustedes, Ellos, Ellas **sirven**	*Os senhores, as senhoras, eles, elas servem*

Sirven té y café.
Eles servem chá e café.

Sirven el desayuno en el comedor a las ocho.
Servem o café da manhã no refeitório às oito.

	VER
Yo **veo**	*Eu vejo*
Tú **ves**	*Você vê*
Usted, Él, Ella **ve**	*O senhor, a senhora, ele, ela vê*
Nosotros, nosotras **vemos**	*Nós vemos*
Vosotros, vosotras **veis**	*Vocês veem*
Ustedes, Ellos, Ellas **ven**	*Os senhores, as senhoras, eles, elas veem*

¿**Ves** a mis amigos?
Você está vendo os meus amigos?

Ven el coche.
Eles veem o carro.

Lição 8

3. PRIMERO AL DÉCIMO / PRIMEIRO AO DÉCIMO

Você já viu o caso de **primero**, **primera** (primeiro, primeira) e **segundo**, **segunda** (segundo, segunda). Aqui estão os demais números ordinais. **Primero** é também utilizado na América Latina para indicar o primeiro dia do mês (**el primero**). No entanto, na Espanha, esse uso de **primero** não é comum. Conhecer esses números é bastante útil quando tiver de falar de andares em um prédio, seguir indicações etc. Os números ordinais concordam com o substantivo que acompanham em gênero e número.

1.	(uno)	**primero, primera**
2.	(dos)	**segundo, segunda**
3.	(tres)	**tercero, tercera**
4.	(cuatro)	**cuarto, cuarta**
5.	(cinco)	**quinto, quinta**
6.	(seis)	**sexto, sexta**
7.	(siete)	**séptimo, séptima**
8.	(ocho)	**octavo, octava**
9.	(nueve)	**noveno, novena**
10.	(diez)	**décimo, décima**

la quinta planta/el quinto piso
o quinto andar

el primer plato
o primeiro prato

Enrique Octavo
Henrique VIII

la tercera calle
a terceira rua

Observe que, quando os números ordinais **primero** e **tercero** estão diante de um substantivo masculino singular, sofrem a *apócope*, ou seja, perdem a vogal **-o** do final: **primer piso**, **tercer piso**. Quando acompanham palavras femininas ou plurais, não há apócope: **primera planta**, **tercera planta**, **los primeros chicos**, **los terceros niveles**. Com os demais números ordinais não ocorre a *apócope*. Veja os exemplos:

Vivo en **el tercer piso** de este edificio.
Moro no terceiro andar deste prédio.

Mi piso es **el primero**.
Meu andar é o primeiro.

Este es mi **primer trabajo**.
Este é meu primeiro trabalho.

Los **primeros alumnos** son estos.
Os primeiros alunos são estes.

4. **FORMAS DE TRATAMIENTO** / **FORMAS DE TRATAMENTO**

Os espanhóis usam **señor**, **señora** e **señorita** mais do que os falantes de português. Essas formas de tratamento expressam formalidade e são utilizadas tanto para atrair a atenção de alguém quanto para acompanhar os sobrenomes. Ao falar de alguém, você pode dizer **el señor X**, **la señora X**. Quando estiver falando com a pessoa diretamente, retire o **el** ou **la**.

Ex.:
¡Señor, por aquí!
Senhor, por aqui.

Mi profesor es el señor Díaz.
Meu professor é o senhor Díaz.

¡Buenos días, señor Valenzuela!
Bom dia, senhor Valenzuela.

Você também vai ouvir as palavras **Don** e **Doña** usadas com o primeiro nome da pessoa em símbolo de respeito.

Don Juan   **Doña Maite**

Lembre-se de que normalmente os falantes de espanhol têm, em geral, um nome (simples ou composto) e dois sobrenomes. As mulheres mantêm o sobrenome de solteiras, mesmo depois do casamento, e as crianças recebem como sobrenome o primeiro sobrenome de cada pai.

Então, se **Juan Antonio Montoya Torres** se casar com **María Amparo Herrera Montes**, e eles tiverem um filho com o nome de **Eusebio**, qual será o sobrenome dele? Sabendo-se que **Juan Antonio** e **María Amparo** são nomes compostos, e como precisamos considerar o primeiro sobrenome do pai, sabemos que o nome do filho já será **Eusebio Montoya**; como o segundo sobrenome de **Eusebio** deve ser o primeiro sobrenome da mãe, o nome completo da criança será **Eusebio Montoya Herrera**.

Fique atento, pois **Juan López Valdecasas** não é o **Sr. Valdecasas**, mas sim o **Sr. López Valdecasas**.

É interessante observar que as mulheres casadas de gerações anteriores (nascidas antes de 1960) receberam a preposição **de** antes do sobrenome do marido.

Ex.:   Señora **de** Muñoz   ou   Señora Elena Escobar **de** Bravo.

5. **ME GUSTARÍA** / **GOSTARIA DE**

Essa forma vem de **gustar** e é uma forma cortês de dizer que você quer fazer alguma coisa.

Lição 8

Me gustaría conocer el país.
Eu gostaria de conhecer o país.

Me gustaría desayunar a las siete.
Gostaria de tomar café da manhã às sete.

Por enquanto, use essa expressão para indicar aquilo que você quer fazer, ver, comprar etc. Quando quiser pedir uma comida ou bebida, utilize **quería** (eu queria) ou **quiero** (quero) seguido daquilo que quiser pedir.

Quería un café, por favor.   **Quiero** una cerveza y una ensalada.
Gostaria de um café, por favor.   *Gostaria de uma cerveja e uma salada.*

6. MUCHO, MUCHA / MUITO, MUITA

Você já conhece o uso de **mucho**. Lembre-se de que, quando utilizado com um verbo, expressa quantidade:

Bebemos **mucho** porque tenemos calor.
Bebemos muito porque estamos com calor.

Estudio **mucho**.
Eu estudo muito.

Também pode ser utilizado como adjetivo. Nesse caso, deve concordar com o substantivo em gênero e número.

Hay **muchos italianos** aquí.
Há muitos italianos aqui.

No tenemos **mucha leche**.
Não temos muito leite.

7. POCO, POCA; DEMASIADO, DEMASIADA / POUCO, POUCA; DEMAIS, MUITO, MUITA

Poco, **poca** significa "pouco". **Un poco** significa "um pouco" e se usa de forma semelhante.

Antonio estudia muy **poco**.   Andrea estudia **un poco**.
Antonio estuda muito pouco.   *Andrea está estudando um pouco.*

Pocos ou **pocas**, no plural, pode ser traduzido como "poucos" ou "poucas".

Hay **pocos brasileños** en Alemania.
Há poucos brasileiros na Alemanha.

Conozco a **pocas mujeres en Valencia.**
Eu conheço poucas mulheres em Valência.

Demasiado, demasiada significa "demais", mas também pode significar "muito, muita". Quando é utilizado como um advérbio, mantém a forma em masculino singular: **demasiado**. No entanto, quando é utilizado como um adjetivo, deve concordar em gênero e número com o substantivo que modifica.

Estudia **demasiado**.
Estuda demais.

No quiero **demasiada leche**.
Não quero muito leite.

Hablan **demasiado**.
Falam demais.

Hay **demasiados estudiantes**.
Há muitos estudantes.

8. LO + ADJETIVO / O + ADJETIVO

Lo é denominado artigo "neutro", isto é, não se refere a um objeto ou pessoa em particular, mas a uma situação ou a algo abstrato. Não muda nem concorda com nada e sempre é colocado antes do adjetivo. Veja os seguintes exemplos:

Lo bueno es que…
O bom é que…

Lo importante es que…
O importante é que…

Lo contrario
O contrário

VOCABULARIO / VOCABULÁRIO

- **la pensión:** a pensão, a pousada
- **la habitación:** o quarto
- **la reserva:** a reserva
- **la ficha, el formulario:** a ficha, o formulário
- **la vista:** a vista
- **la vista al mar:** a vista para o mar
- **el piso:** o apartamento, o andar
- **el ascensor:** o elevador
- **la planta baja:** o térreo
- **el equipaje:** a bagagem
- **la recepción:** a recepção
- **la recepcionista:** a recepcionista
- **el baño:** o banheiro
- **el momento:** o momento
- **la cena:** o jantar
- **el comedor:** o refeitório
- **la propina:** a gorjeta

Lição 8

el país: o país
el edificio: o prédio
la cerveza: a cerveja
Don: Senhor (título de respeito a um homem, usado com o primeiro nome)
Doña: Dona (título de respeito a uma mulher, usado com o primeiro nome)
rellenar: preencher
llevar: levar, vestir
desde: desde, de
hasta: até
me gustaría: eu gostaria de
aquí tiene: aqui está
¿Qué desea?: O que deseja?
claro que sí, no: claro que sim, não
contrario, contraria: contrário, contrária
doble: dobro, duplo
tercero, tercera: terceiro, terceira
cuarto, cuarta: quarto, quarta
quinto, quinta: quinto, quinta
sexto, sexta: sexto, sexta
séptimo, séptima: sétimo, sétima
octavo, octava: oitavo, oitava
noveno, novena: nono, nona
décimo, décima: décimo, décima

EJERCICIOS / **EXERCÍCIOS**

Responda às perguntas usando informações do diálogo que introduz esta lição.

1. ¿En qué ciudad está el señor Martínez hoy?

2. ¿Tiene una reserva para una noche o para dos noches?

3. ¿Con quién habla?

4. ¿Por qué necesita un bolígrafo?

5. ¿Cuántas maletas tiene?

6. ¿La pensión tiene ascensor?

Exercício A

Lição 8

7. ¿A qué hora sirven el desayuno? _____
_____

8. ¿El señor Martínez quiere llamar por teléfono?
_____
_____

Exercício B

Você consegue escrever o oposto de cada palavra da lista?

1. no _____
2. grande _____
3. de pie _____
4. bueno _____
5. también _____
6. poco _____
7. comenzar _____
8. alguno _____
9. nada _____
10. nunca _____
11. nuevo _____
12. ir _____
13. el hombre _____
14. la noche _____
15. tener frío _____
16. aquí _____

Exercício C

Complete cada oração com o adjetivo possessivo mais apropriado. Lembre-se de que ele deve concordar em gênero e número com o substantivo correspondente.

Ex.:
Tengo **mi** billete, **mi** pasaporte y **mis** maletas.
Alfonso lleva **sus** llaves y **su** carnet de identidad.

1. Marta tiene _____ café y _____ tostadas.

2. ¿Tenemos _____ billetes y _____ tarjetas postales?

3. El chico le da _____ mermelada y _____ bollos a _____ padre.

4. Invitamos a _____ amigos y a _____ jefe a cenar en _____ casa.

5. Le doy _____ falda y _____ zapatos a _____ amiga.

Lição 8

Vamos revisar os números ordinais. Complete as frases com o número correspondente.

Ex.:
La unidad número uno es la **primera** unidad.

1. La página número cinco es la _____ página.
2. La pregunta número seis es la _____ pregunta.
3. El diálogo número dos es el _____ diálogo.
4. La respuesta número cuatro es la _____ respuesta.
5. El autobús que pasa después del segundo autobús es el _____ autobús.

Exercício D

> Visite <http://www.berlitzpublishing.com> para atividades extras na internet – vá à seção de downloads e conecte-se com o mundo em espanhol!

Lição 9

DAVID VA A LA OFICINA DE CORREOS/
DAVID VAI AO CORREIO

Durante un viaje en otro país, David tiene que enviar algunas cosas desde correos. Escuche su conversación con la empleada de la oficina de correos.
Durante uma viagem a outro país, David precisa enviar algumas coisas pelo correio. Ouça sua conversa com a funcionária do correio.

David	**Quisiera comprar un sello para una tarjeta postal.**
	Gostaria de comprar um selo para um cartão-postal.
Empleada	**¿Para dónde?**
	Para onde?
David	**Para Reino Unido.**
	Para o Reino Unido.
Empleada	**Son doscientos diez pesos. ¿Algo más?**
	São duzentos e dez pesos. Mais alguma coisa?
David	**También quería mandar dos cartas, una para Estados Unidos y otra para este país.**
	Também gostaria de mandar duas cartas, uma para os Estados Unidos e outra para este país.
Empleada	**Hace falta pesar las dos.**
	É preciso pesar as duas.

Lição 9

David   **Pensaba que hay una sola tarifa dentro del país.**
Pensava que existe só uma tarifa dentro do país.

Empleada   **No, no es así.**
Não, não é assim.

La empleada toma las cartas, las pesa y le da a David los sellos.
A funcionária pega as cartas, pesa e entrega os selos a David.

Empleada   **Aquí tiene. Este es para este país, ese es para Estados Unidos.**
Aqui está. Este é para este país, esse é para os Estados Unidos.

David   **También me gustaría mandar este paquete a Nueva York. No sabía si hacía falta mandarlo por avión. ¿Va a tardar mucho tiempo en llegar? ¿Qué piensa?**
Também gostaria de mandar este pacote para Nova York. Não sei se é necessário mandá-lo por avião. Demora muito tempo para chegar? O que você acha?

Empleada   **Según. A veces sí, a veces no. Tal vez una semana, más o menos.**
Depende. Às vezes sim, às vezes não. Talvez uma semana, mais ou menos.

David   **Tiene que llegar antes de Semana Santa, por lo tanto lo voy a mandar por avión.**
Tem que chegar antes da Semana Santa, então vou mandá-lo por avião.

Empleada   **Con las fiestas tarda más, claro.**
Com o feriado demora mais, claro.

(Pausa) Va a ser un poquito caro. Lo siento.
(Pausa) Vai ser um pouquinho mais caro. Sinto muito.

David   **Sabía que iba a costar bastante.**
Eu sabia que ia ser caro.

Empleada   **Son mil quinientos pesos en total.**
No total, são mil e quinhentos pesos.

David   **Espere... Aquí tiene dos mil. No tengo suelto.**
Espere... Aqui tem dois mil. Não tenho trocado.

Empleada   **¡Vale![1] Dos mil... Y aquí quinientos. Y tiene que rellenar una ficha.**
Ótimo! Dois mil... e aqui quinhentos. E você precisa preencher um formulário.

---

1. **¡Vale!** Significa "Ok", "ótimo". De acordo com o país hispânico, essa forma de concordar com o que o outro diz pode mudar. Além de **Ok**, é possível escutar **¡De acuerdo!**, **¡Cómo no!** etc.

David	**De acuerdo. No lo sabía.** *Tudo bem. Eu não sabia.*
	(Pausa) ¿Qué hace falta escribir aquí? ¿Valor del contenido? ¿Dirección? No vivo aquí. *(Pausa) O que preciso escrever aqui? Valor do conteúdo? Endereço? Eu não moro aqui.*
Empleada	**Tiene que poner algo. ¿El nombre de su hotel?** *Precisa colocar alguma coisa. O nome do seu hotel?*
David	**Gracias, señorita.** *Obrigado, senhorita.*
Empleada	**A usted, adiós.** *Eu que agradeço, tchau.*

GRAMÁTICA / GRAMÁTICA

1. HACE FALTA, HAY QUE, TENGO QUE, DEBO / É PRECISO, É NECESSÁRIO, TEM DE, TENHO DE, DEVO

Todas essas expressões incluem a ideia de necessidade ou obrigatoriedade. O uso coincide em algumas regiões.

HACE FALTA + infinitivo significa "é necessário para...", de uma maneira mais impessoal.

Hace falta pesar las cartas.
É preciso pesar as cartas.

Hace falta hablar español.
É necessário falar espanhol.

No hace falta rellenar otra ficha.
Não é preciso preencher outro formulário.

Hace falta + substantivo significa "X é necessário" ou "Eu preciso de X".

¿Hace falta un bolígrafo?
Precisa de uma caneta?

Se o substantivo estiver no plural, **hace** se transforma em **hacen**.

¿Hacen falta las otras llaves?
As outras chaves são necessárias?

Hacen falta más personas.
Mais pessoas são necessárias.

HAY QUE + infinitivo significa "alguém tem de...", também de uma maneira mais genérica. Só pode ser seguido de infinitivo, nunca de um substantivo.

Hay que escribir la dirección.
Tem que escrever o endereço.

Hay que pagar cien dólares.
Tem que pagar cem dólares.

Lição 9

TENER QUE + infinitivo significa "ter de" e determina mais o sujeito da necessidade, porque é uma forma de expressar algo mais pessoal. Você pode dizer "Eu tenho; você tem; ele, ela, o senhor, a senhora tem; nós temos; vocês têm; eles têm".

Tengo que llamar por teléfono.
Eu tenho de fazer uma ligação.

Tenemos que pagar.
Nós temos de pagar.

Tenéis que tomar un taxi.
Vocês têm de pegar um táxi.

DEBER + infinitivo significa "dever". Essa é outra forma pessoal de expressar a necessidade, normalmente entendida como obrigação.

Debemos enviar estas postales.
Nós devemos mandar estes cartões-postais.

Debo volver a hacer este ejercicio.
Eu devo fazer novamente este exercício.

Ellos deben llegar para las fiestas.
Eles devem chegar lá para o feriado.

No debemos pensar en esto.
Não devemos pensar nisso.

2. COMPLEMENTO DIRECTO / COMPLEMENTO DIRETO

Teremos um complemento direto ou objeto direto em língua espanhola quando o verbo exigir um único complemento, que pode ser uma coisa ou uma pessoa. Veja o exemplo:

La empleada ve los sellos.
A funcionária está vendo os selos.

La empleada ve a Juan.   Quem vê, vê algo ou alguém.
A funcionária está vendo o João.   Assim:

¿Qué ve la empleada? ou ¿A quién ve la empleada?

La empleada los ve (los sellos)   **La empleada lo ve** (a Juan)

Os pronomes complementos são utilizados para evitar repetições dos objetos.

Nesse caso, **los** é o pronome de objeto direto que corresponde a **los sellos**, e **lo** é o que corresponde a **Juan**. Ambos são complementos diretos. Como vemos, o pronome de objeto direto concorda em gênero e número com o elemento que substitui: **lo** (masculino singular), **los** (masculino plural), **la** (feminino singular), **las** (feminino plural).

Lição 9

El señor manda **la carta**.   El señor **la** manda.
O senhor está enviando a carta.   *O senhor a está enviando.*

Aqui, **la** corresponde a **la carta**.

Quiero comer **el bollo**.   Quiero comer**lo**./**Lo** quiero comer.
Quero comer o pão doce.   *Quero comê-lo.*

No exemplo anterior, o pronome **lo** corresponde a **el bollo** e pode ser colocado em qualquer das duas posições, porque o verbo é uma perífrase de infinitivo. Quando tivermos esses casos, o pronome deve ser colocado antes dos dois verbos e separado ou após os dois verbos e junto do último (sem hífen). Observe que o pronome nunca deve ser colocado no meio dos dois verbos. Veja os exemplos:

Vamos a hacer**lo**.   Vamos a ver a **María** y a **Paula** hoy.
Lo vamos a hacer.   **Las** vamos a ver.
Vamos fazê-lo.   *Nós vamos vê-las.*

---

3. LEER, MIRAR, BUSCAR, ESCUCHAR, PEDIR / LER, OLHAR OU VER, PROCURAR, ESCUTAR, PEDIR

LEER / LER	
Yo **leo**	*Eu leio*
Tú **lees**	*Você lê*
Usted, Él, Ella **lee**	*O senhor, a senhora, ele, ela lê*
Nosotros, nosotras **leemos**	*Nós lemos*
Vosotros, vosotras **leéis**	*Vocês leem*
Ustedes, Ellos, Ellas **leen**	*Os senhores, as senhoras, eles, elas leem*

MIRAR / OLHAR, VER	
Yo **miro**	*Eu olho*
Tú **miras**	*Você olha*
Usted, Él, Ella **mira**	*O senhor, a senhora, ele, ela olha*
Nosotros, nosotras **miramos**	*Nós olhamos*
Vosotros, vosotras **miráis**	*Vocês olham*
Ustedes, Ellos, Ellas **miran**	*Os senhores, as senhoras, eles, elas olham*

BUSCAR / PROCURAR	
Yo **busco**	*Eu procuro*
Tú **buscas**	*Você procura*
Usted, Él, Ella **busca**	*O senhor, a senhora, ele, ela procura*
Nosotros, nosotras **buscamos**	*Nós procuramos*
Vosotros, vosotras **buscáis**	*Vocês procuram*
Ustedes, Ellos, Ellas **buscan**	*Os senhores, as senhoras, eles, elas procuram*

Lição 9

ESCUCHAR / ESCUTAR, OUVIR

Yo **escucho**	Eu escuto
Tú **escuchas**	Você escuta
Usted, Él, Ella **escucha**	O senhor, a senhora, ele, ela escuta
Nosotros, nosotras **escuchamos**	Nós escutamos
Vosotros, vosotras **escucháis**	Vocês escutam
Ustedes, Ellos, Ellas **escuchan**	Os senhores, as senhoras, eles, elas escutam

PEDIR / PEDIR

Yo **pido**	Eu peço
Tú **pides**	Você pede
Usted, Él, Ella **pide**	O senhor, a senhora, ele, ela pede
Nosotros, nosotras **pedimos**	Nós pedimos
Vosotros, vosotras **pedís**	Vocês pedem
Ustedes, Ellos, Ellas **piden**	Os senhores, as senhoras, eles, elas pedem

Leer segue o mesmo padrão que **creer**, "acreditar" (Lição 7). Não se esqueça do **-ee** em **cree**, **lee**.

Mirar, **buscar**, e **escuchar** são verbos regulares.

Pedir é um verbo que apresenta irregularidade na raiz, como a maioria dos verbos que possuem um **-e-** na raiz e terminam em **-ir** (**seguir**, **medir**, **decir** etc.): a vogal **-e-** da raiz se transforma em **-i-**, exceto em **nosotros** e **vosotros**.

Leemos poco.
Lemos pouco.

Miramos el televisor.
Estamos vendo televisão.

Pido agua.
Estou pedindo água.

Buscan el bar.
Eles estão procurando o bar.

¿Escucháis la radio?
Vocês estão escutando rádio?

---

4. PARA Y POR / PARA E POR

A melhor forma de aprender a usar essas preposições corretamente é se lembrar dos usos mais frequentes. Seguem algumas dicas para ajudar a escolher qual usar e quando fazê-lo.

PARA é utilizado:

i. Antes de um infinitivo, significando finalidade.

Pepe va a correos para comprar sellos.
Pepe vai ao correio para comprar selos.

ii. Para expressar um destino final.

¿Para qué sirve este libro?
Para que serve este livro?

iii. Para expressar movimento, direção ou destino.

Vamos para Valparaíso.
Vamos para Valparaíso.

iv. Para expressar "para" ou "por" depois de **bastante** (bastante, suficiente), **demasiado** (demais) e **muy** (muito).

El español es muy fácil para mí.
O espanhol é muito fácil para mim.

Los niños son bastante grandes ya para ir solos a la escuela
Os meninos são grandes o suficiente para irem sozinhos à escola.

POR é utilizado:

i. Com o sentido de "a través de".

Da un paseo por la calle.
Ele está dando um passeio pela rua.

El tren pasa por el centro.
O trem passa pelo centro.

ii. Para expressar troca.

Doy mucho dinero por esto.
Eu estou dando muito dinheiro por isto.

iii. Para expressar modo ou meio.

Mando la carta por avión.
Estou enviando a carta por avião.

Llamamos por teléfono al hotel.
Nós ligamos para o hotel.

iv. Para expressar proporção ou sequência.

Veinte kilómetros por hora.
Vinte quilômetros por hora.

Entran uno por uno.
Entram um por um.

v. Para expressar "em nome de".

Lo hago por ti.
Faço isso por você.

Hace mucho por el país.
Ele faz muito pelo país.

Lição 9

5. EL IMPERFECTO DE INDICATIVO / O PRETÉRITO IMPERFEITO DO INDICATIVO

Até agora você estudou basicamente os verbos no presente do indicativo. Para poder falar sobre o passado em espanhol, você precisa aprender alguns tempos específicos. Nesta lição, vamos praticar o uso do pretérito imperfeito, um dos tempos mais fáceis de aprender em espanhol, porque é bastante semelhante ao português.

Esse tempo é utilizado para descrever:

i.	ações contínuas no passado:	**Llovía mucho.** / *Chovia muito.*
ii.	ações repetidas no passado:	**Iba todos los días a la escuela.** / *Eu ia todos os dias à escola.*
iii.	como era alguma coisa:	**La iglesia estaba en un monte. Era muy antigua.** / *A igreja estava em um morro. Era muito antiga.*
iv.	narrativas:	**Érase una vez una niña que vivía por el campo con su familia...** / *Era uma vez uma menina que vivia no campo com sua família...*

6. MORFOLOGÍA DEL IMPERFECTO / MORFOLOGIA DO PRETÉRITO IMPERFEITO

VERBOS EM -AR

MIRAR / OLHAR, VER

Yo **miraba**	*Eu olhava / via*
Tú **mirabas**	*Você olhava / via*
Usted, Él, Ella **miraba**	*O senhor, a senhora, ele, ela olhava / via*
Nosotros, nosotras **mirábamos**	*Nós olhávamos / víamos*
Vosotros, vosotras **mirabais**	*Vocês olhavam / viam*
Ustedes, Ellos, Ellas **miraban**	*Os senhores, as senhoras, eles, elas olhavam / viam*

Observe que os verbos de primeira conjugação (terminados em **-ar**), no pretérito imperfeito do indicativo, são escritos com **-b-**.

Lição 9

Verbos em **-ER** e **-IR** (os verbos com essas terminações são conjugados da mesma maneira no imperfeito do indicativo em espanhol).

VIVIR / MORAR, VIVER	
Yo **vivía**	*Eu morava / vivia*
Tú **vivías**	*Você morava / vivia*
Usted, Él, Ella **vivía**	*O senhor, a senhora, ele, ela morava / vivia*
Nosotros, nosotras **vivíamos**	*Nós morávamos / vivíamos*
Vosotros, vosotras **vivíais**	*Vocês moravam / viviam*
Ustedes, Ellos, Ellas **vivían**	*Os senhores, as senhoras, eles, elas moravam / viviam*

Observe que os verbos de segunda e terceira conjugações (terminados em **-er** e **-ir**) levam acento no hiato **-ía-** em todas as pessoas.

Para conjugar os verbos em imperfeito do Indicativo, você só precisa tirar a terminação **-ar**, **-er** ou **-ir** e colocar a conjugação adequada, segundo a pessoa. No caso do pretérito imperfeito, não há mudanças na raiz dos verbos. Há apenas três verbos irregulares (**ser**, **ir**, **ver**), tão utilizados que você vai aprendê-los rapidamente. Veja as conjugações desses verbos abaixo:

SER / SER	
Yo **era**	*Eu era*
Tú **eras**	*Você era*
Usted, Él, Ella **era**	*O senhor, a senhora, ele, ela era*
Nosotros, nosotras **éramos**	*Nós éramos*
Vosotros, vosotras **erais**	*Vocês eram*
Ustedes, Ellos, Ellas **eran**	*Os senhores, as senhoras, eles, elas eram*

IR / IR	
Yo **iba**	*Eu ia*
Tú **ibas**	*Você ia*
Usted, Él, Ella **iba**	*O senhor, a senhora, ele, ela ia*
Nosotros, nosotras **íbamos**	*Nós íamos*
Vosotros, vosotras **ibais**	*Vocês iam*
Ustedes, Ellos, Ellas **iban**	*Os senhores, as senhoras, eles, elas iam*

VER / VER, OLHAR	
Yo **veía**	*Eu via*
Tú **veías**	*Você via*
Usted, Él, Ella **veía**	*O senhor, a senhora, ele, ela via*
Nosotros, nosotras **veíamos**	*Nós víamos*

Vosotros, vosotras **veíais**　　*Vocês viam*
Ustedes, Ellos, Ellas **veían**　　*Os senhores, as senhoras, eles, elas viam*

Era importante para mí.　　Iba a la escuela allí.
Era importante para mim.　　*Eu ia à escola ali.*

Íbamos en el coche.　　Es que veíais a todos llegando a la fiesta.
Nós íamos no carro.　　*É que vocês viam todos chegando à festa.*

VOCABULARIO / VOCABULÁRIO

el imperfecto: o pretérito imperfeito
el complemento directo: o objeto direto
el pronombre: o pronome
para: para, com o objetivo de
por: por, através
el sello: o selo, o carimbo
el paquete: o pacote
la tarifa: a tarifa
Correos: correio
la fiesta: a festa, o feriado
un poquito: um pouquinho
suelto: troco, trocado
la dirección: o endereço
el nombre: o nome
el valor: o valor
el contenido: o conteúdo
hace falta: é preciso, necessário
hay que: tem de, é necessário
debo: devo
tengo que: tenho de
llegar: chegar
costar: custar
mirar: ver, olhar
buscar: buscar, procurar
escuchar: escutar, ouvir
bastante: bastante, muito
solo, sola: sozinho, sozinha
lo siento: sinto muito
por lo tanto: portanto
dentro de: dentro de, em
por avión: de, por avião
según: depende, de acordo com
tal vez: talvez

EJERCICIOS / EXERCÍCIOS

Exercício A

Responda às perguntas usando informações do diálogo que introduz esta lição.

1. ¿Dónde está David? _____
2. ¿Quiere comprar una tarjeta postal? _____
3. ¿Cuántas cartas quería mandar? _____
4. ¿Cuánto tiempo va a tardar en llegar la carta a Nueva York? _____
5. ¿Sabía David cuánto iba a costar? _____
6. ¿Cuánto es en total? _____
7. ¿Qué tenía que escribir en la ficha? _____
8. ¿Tenía David dinero suelto? _____

Exercício B

Substitua o objeto direto em cada oração utilizando o pronome correspondente de acordo com o modelo.

Ex.:
David manda la carta.
David **la** manda.

1. David rellena la ficha. _____
2. Escribe la dirección. _____
3. Compra sellos. _____
4. No veo el nombre. _____
5. ¿Tienes el dinero? _____
6. Ahora vamos a estudiar la gramática. _____

Lição 9

7. No veo los monumentos. _____
8. Miramos el paquete. _____
9. Queremos abrir las cartas. _____
10. Pido unos bollos. _____

Exercício C

Verifique o uso de **por** e **para** e decida qual utilizar em cada frase.

1. Viene dos veces _____ semana.
2. Salen _____ Holanda hoy.
3. Las cartas son _____ mi jefe.
4. ¿Hay un banco _____ aquí?
5. No es muy fácil _____ mí.
6. ¿_____ qué sirve esta máquina?
7. Estudio español _____ poder hablar bien.
8. Doy un euro _____ el bolígrafo.

Exercício D

As frases seguintes estão no presente. Observe o verbo e reescreva cada oração utilizando o pretérito imperfeito.

Ex.:
Vivo en esta ciudad.
Vivía en esta ciudad.

1. Compran mucho. _____
2. Hablamos bastante. _____
3. Coméis demasiado. _____
4. ¿Usted mira al chico? _____
5. Llegan para Semana Santa. _____
6. Bebes mucha agua. _____
7. Es interesante. _____
8. Veo el centro desde aquí. _____
9. Voy al aeropuerto. _____
10. Son caros. _____

> Visite <http://www.berlitzpublishing.com> para atividades extras na internet – vá à seção de downloads e conecte-se com o mundo em espanhol!

Lição

10 ¿QUÉ TIEMPO HACE?
COMO ESTÁ O TEMPO?

El sr. Martínez y David están hablando sobre sus planes para el fin de semana.
O sr. Martínez e David estão falando sobre seus planos para o fim de semana.

Sr. Martínez — Bueno, David, ¿va a pasar el fin de semana en el campo? Tiene familia allí, ¿verdad?
Bom, David, você vai passar o final de semana no campo? Você tem família lá, certo?

David — No. Me quedo aquí en la ciudad. Me gusta mucho estar aquí.
Não. Vou ficar aqui na cidade. Gosto muito de ficar aqui.

Sr. Martínez — ¡Pero... hombre! El campo es tan bonito en abril. Hace buen tiempo.
Mas... homem! O campo é tão bonito em abril. O tempo está bom.

David — Por eso prefiero estar aquí. Mire el cielo azul. ¡Mírelo! No hace calor, tampoco hace frío. Hace sol. No llueve. Hace un tiempo buenísimo.
Por isso prefiro ficar aqui. Olhe o céu azul. Olhe! Não faz calor, também não faz frio. Está fazendo sol. Não está chovendo. O tempo está muito bom.

Lição 10

Sr. Martínez	Tiene razón. No hace viento tampoco. Hay nubes, pero no muchas. *Você tem razão. Também não está ventando. Há nuvens, mas não muitas.*
David	¿Y usted no piensa quedarse? *E o senhor, não pensa em ficar?*
Sr. Martínez	¡Qué va! Me voy a la sierra. Me gusta montar a caballo. Creo que las condiciones son ideales este fin de semana. *De jeito nenhum! Vou para as montanhas. Gosto de andar a cavalo. Acho que neste fim de semana as condições vão ser ideais.*
David	¿En serio? *Sério?*
Sr. Martínez	Va a hacer sol. Allí no nieva. Allí hizo buen tiempo el día que perdí el paraguas y el impermeable, el día qué llovío tanto aquí. *Vai fazer sol. Lá não neva. Lá fez tempo bom no dia em que perdi o guarda-chuva e a capa de chuva, o dia que choveu muito aqui.*
David	Sí. Me acuerdo. *Sim. Eu lembro.*
Sr. Martínez	Va a hacer un tiempo magnífico. No como aquel día el año pasado cuando nos acompañaron nuestros amigos ingleses que no sabían montar a caballo. Y usted nos acompañó también, ¿no? *Vai fazer um tempo magnífico. Não como naquele dia, o ano passado, quando nossos amigos ingleses que não sabiam andar a cavalo nos acompanharam. E você veio conosco também, não?*
David	¡Claro! Fue en diciembre, ¿verdad? Desapareció el sol. Llovió. Se levantó el viento. No me gustó en absoluto. *Claro! Foi em dezembro, certo? O sol desapareceu. Choveu. Começou a ventar. Não gostei nem um pouco.*
Sr. Martínez	Si hace frío se pone otro suéter y ya está. *Se fizer frio, colocamos outra blusa e pronto.*
David	Si hace frío me quedo aquí. Si hace calor me quedo aquí. Si tengo vacaciones me voy... a la playa tal vez... pero un fin de semana en la sierra no me apetece. *Se fizer frio, fico aqui. Se fizer calor, fico aqui. Se tiver férias vou... à praia talvez... mas não quero passar um fim de semana nas montanhas.*

Sr. Martínez	¡Basta! "De gustos y colores no hay nada escrito". Veo que no está convencido. ¡Hasta otro día!
	Ok! Gosto não se discute. Já vi que você não quer ir. A gente se vê depois.
David	Hasta otro día, señor Martínez. ¡Que lo pase bien!
	Até outro dia, senhor Martínez. Divirta-se!

GRAMÁTICA / GRAMÁTICA

1. LOS MESES Y LAS ESTACIONES / OS MESES E AS ESTAÇÕES

¿Cuántos meses hay en un año?
Quantos meses há em um ano?

Hay doce meses en un año.
Há doze meses em um ano.

Os meses do ano em espanhol são:

enero	*janeiro*
febrero	*fevereiro*
marzo	*março*
abril	*abril*
mayo	*maio*
junio	*junho*
julio	*julho*
agosto	*agosto*
septiembre	*setembro*
octubre	*outubro*
noviembre	*novembro*
diciembre	*dezembro*

¿Cuántas estaciones hay en Europa?
Quantas estações há na Europa?

En Europa hay cuatro estaciones.
Na Europa há quatro estações.

Lição 10

As estações são:

la primavera	*a primavera*
el verano	*o verão*
el otoño	*o outono*
el invierno	*o inverno*

No me gusta el invierno.
Não gosto do inverno.

Preferimos la primavera.
Preferimos a primavera.

¿Qué estación prefieren ustedes?
Que estação vocês preferem?

Assim como os dias da semana, as estações e os meses do ano não são escritos com maiúscula.

---

2. ¿QUÉ TIEMPO HACE? / COMO ESTÁ O TEMPO?

En invierno hace frío.
No inverno faz frio.

En verano hace calor.
No verão faz calor.

En otoño hace buen tiempo.
No outono o tempo é bom.

En primavera hace buen tiempo.
Na primavera o tempo é bom.

¿En general hace frío en Montevideo en diciembre?
Em geral faz frio em Montevidéu em dezembro?

¿En general nieva mucho en invierno?
Em geral neva muito no inverno?

---

3. PRONOMBRES INTERROGATIVOS Y RELATIVOS / PRONOMES INTERROGATIVOS E RELATIVOS

QUÉ? é um pronome interrogativo, como em **¿Qué tiempo hace?**

que (sem acento) funciona como pronome relativo e se refere tanto a coisas quanto a pessoas. Também são pronomes relativos **el cual**, **la cual**, **los cuales**, **las cuales** (o qual, a qual, os quais, as quais) e **quien** (quem).

La carta **que** veo es de Madrid.
A carta que estou vendo é de Madri.

Los chicos **que** cantan en el parque son estudiantes.
Os meninos que estão cantando no parque são estudantes.

Observe que, tanto em português quanto em espanhol, usamos o pronome relativo **que**.

Es verdad. Tienes familia en el campo.
Es verdad **que** tienes familia en el campo.
É verdade que você tem família no campo.

Dicen **que** va a hacer frío.
Dizem que vai fazer frio.

Creo **que** hace sol en la sierra.
Acho que está fazendo sol nas montanhas.

¿QUIÉN(ES)?, QUIEN(ES) / QUEM?, QUEM

¿QUIÉN(ES)? é um pronome interrogativo e é usado somente para pessoas. Observe que, em espanhol, quando sabemos que são várias pessoas, usamos **quiénes** (no plural).

¿**Quién** sabe esquiar?
Quem sabe esquiar?

¿**Quiénes** se quedaron en casa?
Quem ficou em casa?

Acompanhado da preposição **DE**, como em **de quien** (de quem), refere-se à pessoa sobre quem se fala e, acompanhado da preposição **A**, como em **a quien** (a quem), trata-se da pessoa a quem se dirige algo. Veja o exemplo:

Este es el profesor **de quien** hablo.
Esté é o professor de quem falo.

¿CÓMO?, COMO / COMO?, COMO

¿Cómo? é usado para perguntas e tem o mesmo significado que em português.

¿**Cómo** estás? No es **como** aquel día.
Como vai você? Não é como aquele dia.

---

4. EL PRETERITO INDEFINIDO DE INDICATIVO / O PRETÉRITO PERFEITO DO INDICATIVO

Na Lição 9, vimos que o pretérito imperfeito do indicativo é usado para a descrição, a narração e relatar ações habituais e repetidas no passado.

Ao contrário, o **pretérito indefinido** é usado para descrever uma ação pontual e finalizada no passado. Ambos os tempos verbais são bastante recorrentes em qualquer discurso sobre o passado em espanhol. Veja os exemplos abaixo:

Hoy **hablo** español.
Hoje estou falando espanhol.

Siempre **hablaba** portugués.
Eu sempre falava português.

Ayer **hablé** español.
Ontem eu falei espanhol.

Hoy **estudiamos** la lección 10.
Hoje nós estudamos a lição 10.

Antes no **estudiaba.**
Antes eu não estudava.

Ayer **estudié** la lección 9.
Ontem estudei a lição 9.

Para formar o **pretérito indefinido** de um verbo regular de primeira conjugação (terminado em **-ar**), acrescente a terminação **-é**, **-aste**, **-ó**, **amos**, **-asteis** ou **-aron** à raiz.

MIRAR / OLHAR, VER	
Yo **miré**	*Eu olhei*
Tú **miraste**	*Você olhou*
Usted, Él, Ella **miró**	*O senhor, a senhora, ele, ela olhou*
Nosotros, nosotras **miramos**	*Nós olhamos*
Vosotros, vosotras **mirasteis**	*Vocês olharam*
Ustedes, Ellos, Ellas **miraron**	*Os senhores, as senhoras, eles, elas olharam*

Para formar o **pretérito indefinido** de um verbo regular de segunda ou terceira conjugação (terminado em **-er** ou **-ir**), acrescente as terminações **í**, **-iste**, **ió**, **-imos**, **isteis** ou **ieron** à raiz.

COMER / COMER	
Yo **comí**	*Eu comi*
Tú **comiste**	*Você comeu*
Usted, Él, Ella **comió**	*O senhor, a senhora, ele, ela comeu*
Nosotros, nosotras **comimos**	*Nós comemos*
Vosotros, vosotras **comisteis**	*Vocês comeram*
Ustedes, Ellos, Ellas **comieron**	*Os senhores, as senhoras, eles, elas comeram*

Lição 10

VIVIR / MORAR, VIVER	
Yo **viví**	Eu morei/vivi
Tú **viviste**	Você morou/viveu
Usted, Él, Ella **vivió**	O senhor, a senhora, ele, ela morou/viveu
Nosotros, nosotras **vivimos**	Nós moramos/vivemos
Vosotros, vosotras **vivisteis**	Vocês moraram/viveram
Ustedes, Ellos, Ellas **vivieron**	Os senhores, as senhoras, eles, elas moraram/viveram

Veja que a forma para **nosotros, nosotras** dos verbos terminados em **-ar** e **-ir** são idênticas às formas do presente.

Trabajé en Roma.
Eu trabalhei em Roma.

Acompañaron al Señor Martínez en diciembre.
Acompanharam o senhor Martínez em dezembro.

Vivieron en París.
Eles moraram em Paris.

Usted conoció al Rey ayer.
O senhor conheceu o rei ontem.

¿**Volviste** a esquiar?
Você voltou a esquiar?

No **perdí** el impermeable sino el paraguas.
Não perdi a capa de chuva, mas o guarda-chuva[1].

Nací en Lima en 1984.
Eu nasci em Lima em 1984.

¿Dónde **naciste**?
Onde você nasceu?

Cenamos en el hotel anoche.
Jantamos no hotel ontem à noite.

Para os verbos terminados em **-gar**, **-car**, **-zar**, veja que a conjugação na primeira pessoa **yo** no **pretérito indefinido** possui uma irregularidade. Isso acontece para preservar o som da forma original do verbo. Veja os exemplos abaixo:

llegar (*chegar*)	lle**gué** (*eu cheguei*)
pagar (*pagar*)	pa**gué** (*eu paguei*)

1. Em espanhol, normalmente se usa **el** ("o") antes do substantivo, ao invés de **mi** ("meu").

Lição 10

Como você pôde ver, se não acrescentássemos o **-u-** na primeira pessoa **yo** no **pretérito indefinido**, o som oclusivo do **g** de **llegar** se transformaria no fricativo do **g** de **gerente**. O **-u-**, portanto, **NÃO** é pronunciado (a menos que tenha trema: **ü**).

buscar (*procurar*)	bus**qué** (*eu procurei*)
comenzar (*começar*)	comen**cé** (*eu comecei*)

A mesma mudança deve ser observada nos exemplos acima. Se o **c** de buscar não mudasse para **qu**, o som original "k" se perderia.

O **pretérito indefinido** é usado para ações finalizadas e completas no passado, como vimos anteriormente. Tais ações podem vir acompanhadas de palavras que indicam sequências ou séries.

primero: primeiro	**luego:** logo
entonces: então	**después:** depois
unos años más tarde: uns anos mais tarde	

O **pretérito indefinido** também pode vir acompanhado de palavras que indicam ações imediatas e pontuais:

de repente: de repente	**inmediatamente:** imediatamente

Com frequência você vai encontrar o imperfeito e o **indefinido** no mesmo enunciado. O imperfeito descreve a situação em curso, enquanto o **indefinido** apresenta a ação como completa e pontual.

llovía cuando **llegaron**.
Chovia quando chegaram.

hacía sol pero **se levantó** el viento.
Fazia sol, mas começou a ventar.

había nubes y por eso **volví** a casa.
Havia nuvens, por isso voltei para casa.

SUPERLATIVO / SUPERLATIVO

O superlativo se forma acrescentando **-ísimo**, **-ísima** à raiz de um adjetivo. Assim se exalta a característica de alguém ou de algo como sendo muito superior ao que normalmente é.

bueno	**buenísimo/buenísima**[2]
grande	**grandísimo/grandísima**

Buenísimo, **buenísima** é a forma coloquial do superlativo de **bueno**, **buena**. Em registro formal, deve-se dizer **bonísimo**, **bonísima**.

115

Lição 10

VOCABULARIO / VOCABULÁRIO

¿Qué tiempo hace?: Como está o tempo?
Hace frío: Está fazendo frio.
Hace mucho frío: Está fazendo muito frio.
Hace calor: Está fazendo calor.
Hace mucho calor: Está fazendo muito calor.
Hace sol: Faz sol.
Hace viento: Está ventando.
Hace buen tiempo: O tempo está bom.
Hace mal tiempo: O tempo está ruim.
llover (llueve): chover (está chovendo)
nevar (nieva): nevar (está nevando)
la nieve: a neve
el viento: o vento
el sol: o sol
la luna: a lua
el cielo: o céu
la nube: a nuvem
la sierra: a serra
el campo: o campo
el fin de semana: o fim de semana
ayer: ontem
anteayer: anteontem
anoche: ontem à noite
además: além disso
¿Verdad?: Certo?
¡Hombre!: Homem!, cara!
¿En serio?: Sério?
tan + adjetivo, advérbio: Tão + adjetivo, advérbio
por eso: por isso
la condición: a condição
la familia: a família
la playa: a praia
el rey: o rei
el paraguas: o guarda-chuva
el impermeable: a capa de chuva
el gusto: o gosto
el color: a cor
acordarse (de): lembrar-se de
quedarse: ficar
tener razón: ter razão
montar a caballo: andar a cavalo
perder (ie): perder
No me apetece: Não estou com vontade, não estou a fim.
¡Que lo pase bien!: Aproveite!
buenísimo, buenísima (bonísimo, bonísima): muito bom, muito boa

Lição 10

EJERCICIOS / EXERCÍCIOS

Exercício A

Responda às perguntas usando informações do diálogo que introduz esta lição.

1. ¿David quería ir al campo? _____

2. ¿Qué tiempo hacía aquel día? _____

3. ¿El señor Martínez también pensaba quedarse en la ciudad? ¿Qué quería hacer? _____

4. ¿Cómo eran las condiciones aquel fin de semana?

5. ¿Qué perdió el señor Martínez? _____

6. ¿Qué tiempo hacía cuando los ingleses acompañaron al señor Martínez? _____

7. ¿Cuándo y con quién fue David a la sierra? _____

8. ¿Por qué no va David a la sierra este fin de semana?

Exercício B

Reescreva cada frase com o sujeito indicado em destaque. Assegure-se de fazer as mudanças necessárias na conjugação.

Ex.:
Cenaron tarde. **yo**
Yo cené tarde.

1. Abrí la puerta. **ellos** _____
2. ¿Qué comió al mediodía? **nosotros** _____
3. Visité a Marta. **él** _____
4. ¿Se levantó a las ocho? **ustedes** _____

117

Lição 10

5. Volvió al hotel. **tú** _____
6. Perdimos el paraguas. **él** _____
7. Pagaron mil pesos. **yo** _____
8. Nos quedamos aquí. **ella** _____
9. Buscamos el bar. **vosotros** _____
10. Hablé mucho. **usted** _____

Exercício C

Os verbos em destaque estão no presente. Reescreva cada oração com o verbo no pretérito indefinido.

1. Mercedes **compra** un bolso. _____
2. Los italianos **vuelven** tarde. _____
3. ¿**Viven** en la sierra? _____
4. No **salen** nunca. _____
5. **Desaparece** el sol. _____
6. **Llego** al restaurante. _____
7. **Miro** la agenda. _____
8. **Busco** el paraguas. _____
9. No me **acuerdo**. _____
10. ¿**Tomamos** vino o café? _____
11. **Comemos** bastante. _____
12. **Habla** poco. _____
13. **Viajas** en avión. _____
14. **Escriben** una carta. _____
15. **Preguntáis** a todos. _____

> Visite <http://www.berlitzpublishing.com> para atividades extras na internet – vá à seção de downloads e conecte-se com o mundo em espanhol!

Lição

TRAJERON TODO LO NECESARIO
TROUXERAM TUDO O QUE ERA NECESSÁRIO

11

Hoy Alberto y Anita van a comer en el campo con algunos amigos. Acaban de comprar vino y comida.
Hoje Alberto e Anita vão almoçar no campo com alguns amigos. Eles acabam de comprar vinho e comida.

    Anita   **Alberto, habló ayer con tu amiga Lola? ¿Va a venir?**
Alberto, você falou ontem com a sua amiga Lola? Ela vem?

    Alberto   **Sí, la llamé anoche. Dijo que va a llegar a las diez con dos amigos.**
Sim, liguei para ela ontem à noite. Ela disse que vai chegar às dez com dois amigos.

    Anita   **Vamos a ser cinco. ¿Dijeron que van a traer algo?**
Então vamos ser cinco. Eles disseram se vão trazer alguma coisa?

119

Lição 11

Alberto **Lola no pudo ir al supermercado, pero fue a una tienda pequeña donde compró galletas, vino, plátanos, naranjas y bizcocho.**
A Lola não pôde ir ao supermercado, mas foi a um mercadinho onde comprou bolachas, vinho, bananas, laranjas e bolo.

Anita **Hizo muy bien. Lo cierto es que en el campo vamos a tener ganas de comer.**
Fez muito bem. Certamente no campo vamos ter vontade de comer.

Alberto **¿Qué está preparando?**
O que você está preparando?

Anita **Ahora mismo la ensalada. Anoche preparé el postre, saqué platos, tenedores, cuchillos, cucharas, servilletas y todo, incluso el sacacorchos.**
Agora, a salada. Ontem à noite preparei a sobremesa, separei pratos, garfos, facas, colheres, guardanapos e tudo, até o saca-rolhas.

Alberto **Sé cocinar muy bien, pero compré estos pollos asados. Fui a Udaco en Plaza Nueva. Abrieron temprano hoy.**
Eu sei cozinhar muito bem, mas comprei este frango assado. Fui ao Udaco na Plaza Nueva. Abriram cedo hoje.

Anita **A ver. ¿Por qué los pusieron en tantas bolsas de plástico? El plástico es el enemigo del medio ambiente.**
Deixe-me ver. Por que os colocaram em tantas sacolas de plástico? O plástico é inimigo do meio ambiente.

Alberto **¡Vamos! Tanto hablar del medio ambiente, de contenedores de vidrio, de reciclaje, de gasolina sin plomo...**
Olha só! Falam tanto sobre o meio ambiente, pontos de coleta de vidro, reciclagem, gasolina sem chumbo...

Anita **Antes la gente no sabía nada de eso. Luego las autoridades se dieron cuenta del peligro. Tuvimos que empezar a ahorrar energía... dijeron que era necesario...**
Antigamente as pessoas não sabiam de nada disso. Depois, as autoridades perceberam o perigo. Nós tivemos de começar a economizar energia... disseram que era necessário...

Alberto **Ya lo sé. ¿Está todo listo?**
Eu sei. Está tudo pronto?

Anita **Todo menos el pan.**
Tudo menos o pão.

Lição 11

Alberto **Espere. Voy a la panadería de enfrente.**
Espere. Vou à padaria em frente.

Anita **¡Qué amable es!**
Que amável você é!

Alberto **Ahora mismo vuelvo. A ver si...**
Volto num instante. Vamos ver se...

Anita **No hable tanto. Si llegan los otros, nos vamos en seguida.**
Não fale tanto. Assim que eles chegarem, vamos embora.

GRAMÁTICA / **GRAMÁTICA**

1. VERBOS IRREGULARES EN EL PRETÉRITO INDEFINIDO DE INDICATIVO / **VERBOS IRREGULARES NO PRETÉRITO PERFEITO DO INDICATIVO**

Você já aprendeu a morfologia dos verbos regulares no **pretérito indefinido** do espanhol. Agora você vai aprender alguns dos verbos irregulares mais comuns que não se ajustam à regra geral.

Note:

1. Ao contrário dos verbos regulares, estes verbos irregulares não têm o acento gráfico.

2. As conjugações de todas as pessoas seguem o padrão da conjugação da primeira pessoa **yo**; o restante da conjugação segue o mesmo padrão.

3. **Ser** e **ir** têm a mesma forma no **pretérito indefinido**. Isso, no entanto, não causa nenhum problema, porque o contexto mostra de qual verbo estamos falando: **fui a la playa** (fui à praia) corresponde ao verbo **ir**, enquanto **fui un buen chico** (fui um bom garoto) corresponde ao verbo **ser**.

Yo también **fui** estudiante.
Eu também fui estudante.

Tuvo que pagar.
Ele teve que pagar.

Viniste aquí enseguida.
Você veio aqui imediatamente.

Pusimos el dinero allí.
Nós colocamos o dinheiro lá.

No **dijisteis** nada.
Vocês não disseram nada.

Fuisteis a Brasil.
Vocês foram ao Brasil.

Estuvieron en el centro.
Eles estiveram no centro.

No **pudo** hacerlo.
Ele não pôde fazê-lo.

¿**Hicieron** algo?
Eles fizeram alguma coisa?

Lição 11

2. LOS COLORES / AS CORES

rojo, roja: vermelho, vermelha
blanco, blanca: branco, branca
negro, negra: preto, preta
amarillo, amarilla: amarelo, amarela
azul: azul
verde: verde
gris: cinza
marrón: marrom
naranja: laranja
rosa: rosa

Como outros adjetivos, estes concordam em gênero e número com o substantivo que modificam. Algumas cores da lista têm a mesma forma no masculino e no feminino, porém eventualmente mudam o número, se necessário. **Rosa** e **naranja** não mudam nem no plural.

Llevaba una falda amarilla y zapatos verdes.
Vestia uma saia amarela e sapatos verdes.

3. TRATAMIENTO INFORMAL: TÚ Y VOSOSTROS / TRATAMENTO INFORMAL: "TÚ" E "VOSOTROS"

Se você planeja visitar a Espanha, perceberá que há duas formas de tratamento que são utilizadas diariamente em situações informais. A informalidade pode ser usada entre pessoas que se conhecem e que têm um nível de aproximação que o contexto permite. Esse nível de aproximação pode ser por amizade, por terem a mesma idade, a mesma profissão ou por autorização do interlocutor. **Tú** é usado para o tratamento informal no singular e significa "você". **Vosotros**, **vosotras** correspondem a "vocês" e são usados para o tratamento informal no plural. Vale observar que, na maioria dos países da América Latina e em algumas regiões da Espanha, utiliza-se **ustedes** para o plural, mesmo informalmente.
Também vale ressaltar que o uso da informalidade em algumas situações em que não se conhece bem a pessoa pode representar descortesia. Assim, é sempre importante perguntar à pessoa se você pode ser informal dizendo **¿Le puedo tutear?**.
Veja os exemplos que mostram o uso de **tú** e **vosotros**, **vosotras**.

Tú y yo vamos a la fiesta.
Você e eu vamos à festa.

¿Vosotros no queréis venir?
Vocês não querem vir?

Lição 11

Tengo algo para **vosotras**.
Tenho algo para vocês.

Estas pessoas do verbo também têm pronomes e adjetivos possessivos correspondentes.

Me levanto	**Te levantas**	**Os levantáis**
Eu me levanto	*Você se levanta*	*Vocês se levantam*
Me invitan	**Te invitan**	**Os invitan**
Eles me convidam	*Eles o convidam*	*Eles convidam vocês*
¿Es mi amigo?	**¿Es tu amigo?**	**¿Es vuestro amigo?**
Ele é meu amigo?	*Ele é seu amigo?*	*Ele é amigo de vocês?*

4. COMPLEMENTO INDIRECTO / COMPLEMENTO INDIRETO

Juan **me** da las llaves.	(a mí)
Juan **le** da las llaves.	(a él/ella/usted)
Juan **nos** da las llaves.	(a nosotros/nosotras)
Juan **les** da las llaves.	(a ellos/ellas/ustedes)

Como os complementos diretos, os pronomes de complementos indiretos são colocados antes do verbo, exceto quando estão no infinitivo ou no gerúndio, que vão no final e junto ao verbo, formando uma palavra só (**voy a darle la dirección**, **está explicándole el problema**).

Como **le** e **les** podem se referir a mais de uma pessoa: **a él**, **a ella**, **a usted**, **a ellos**, **a ellas**, **a ustedes**, a pessoa à qual se referem deve ser colocada após a frase, se for necessário deixar claro de quem se está falando: **Le dimos flores a Juana**.

Quando dois pronomes objeto aparecerem juntos, o pronome de complemento indireto sempre precede o de complemento direto, como nos exemplos seguintes:

Pablo me lo dio (**me** = complemento indireto e **lo** = complemento direto)
O Pablo me deu isso.

Nos los mandan.
Eles mandam essas coisas para nós.

Lição 11

Os pronomes de complemento indireto referem-se às pessoas que fazem, dão, levam, dizem etc. algo para alguém. Esse algo é sempre o complemento direto (**lo**, **la**, **los**, **las**). Se o complemento indireto corresponder às terceiras pessoas (ele, ela, você, eles), o **le** ou **les**, acompanhado do complemento direto, se transforma em **se** para evitar a cacofonia (som estranho) durante a fala.

Ao acrescentar dois pronomes a um verbo no infinitivo, é necessário colocar o acento na vogal tônica.

Se lo da a él.
Ele dá isso a ele.

Se lo muestran a ella.
Eles mostram isso a ela.

Ao acrescentar dois pronomes a um verbo no infinitivo, é necessário colocar o acento na vogal tônica.

No quiero mand**á**rsela a ustedes.
Não quero mandar isso a vocês.

---

5. **EL QUE, LOS QUE; LA QUE, LAS QUE; EL CUAL, LOS CUALES; LA CUAL, LAS CUALES** / **O QUE, OS QUE; A QUE, AS QUE; O QUAL, OS QUAIS; A QUAL, AS QUAIS**

Estes pronomes relativos são utilizados para fazer referência a um elemento mencionado anteriormente no discurso (antecedente). Quando o antecedente é uma pessoa, pode-se usar **que** ou **quien**. Observe as frases seguintes:

Las mujeres **que** están en el balcón son mis amigas.
Las mujeres **quienes** están en el balcón son mis amigas.
As mulheres que estão na sacada são minhas amigas.

O uso dos pronomes relativos é mais frequente no discurso escrito ou em discursos mais formais. Veja os seguintes exemplos:

El hotel delante **del cual** hay una fuente.
O hotel diante do qual há uma fonte.

La amiga de Anita, **la cual** es de Mérida.
A amiga da Anita, a qual é de Mérida.

LO QUE se usa para expressar um significado vago, ou para resumir o que foi dito na frase anterior.

Esto es todo **lo que** tengo.
Isto é tudo o que eu tenho.

Quisiera saber **lo que** compró usted.
Gostaria de saber o que o senhor comprou.

Lição 11

Esto es **lo que** no me gusta.
Isto é o que não gosto.

---

6. EL ACENTO GRÁFICO / O ACENTO GRÁFICO

Embora o acento gráfico seja utilizado normalmente para indicar a sílaba tônica de uma palavra (**también, comió, Martínez**), há outros dois usos e um deles já foi mencionado.

1. Nos pronomes interrogativos em perguntas diretas ou indiretas.

¿Adónde vas? *Para onde você vai?*
Preguntó adónde ibas. *Perguntou para onde você ia.*

Compare o uso acima com as orações em que o acento não é necessário:

La casa **donde** vive no es vieja.
A casa onde ele mora não é velha.

2. Para diferenciar palavras que são idênticas na escrita, mas diferem no significado.

si – se	**sí** – sim
el – o	**él** – ele
mi – meu/minha	**mí** – mim (como em **para mí**)
se – se	**sé** – sei
aún – ainda	**aun** – inclusive
de – de (preposição)	**dé** – dê (verbo como em **para que yo le dé algo a Juan**)
tu – teu	**tú** – tu

VOCABULARIO / **VOCABULÁRIO**

traer: trazer
tener ganas (de)...: ter vontade de
sacar: tirar
cocinar: cozinhar
el supermercado: o supermercado
la galleta: a bolacha
el plátano: a banana
la naranja: a laranja
el bizcocho: o bolo
la ensalada: a salada
el postre: a sobremesa
el tenedor: o garfo
el cuchillo: a faca

Lição 11

la cuchara: a colher
la servilleta: o guardanapo
el sacacorchos: o saca-rolhas
el pollo: o frango
el enemigo: o inimigo
el plástico: o plástico
el medio ambiente: o meio ambiente
la gasolina: a gasolina
el plomo: o chumbo
el reciclaje: a reciclagem
el vidrio: o vidro
el contenedor: o contêiner
la autoridad: a autoridade
el peligro: o perigo
la fuente: a fonte
ahorrar: economizar
la energía: a energia
el pan: o pão
la panadería: a padaria
enfrente (de): na frente de, diante
delante (de): na frente de, diante
detrás (de): atrás de
sin: sem
temprano: cedo
adecuado, adecuada: adequado, adequada
cierto, cierta: certo, certa
asado, asada: assado, assada
amable: amável
rojo, roja: vermelho, vermelha
blanco, blanca: branco, branca
amarillo, amarilla: amarelo, amarela
negro, negra: preto, preta
gris: cinza
marrón: marrom
naranja: laranja
tú: você
vosotros, vosotras: vocês
tu: tu, você
vuestro, vuestra: seus, suas
te: te (pronome objeto sing. inf.), te (pronome reflexivo, sing. inf.)
os: lhes (pronome objeto pl. inf.), lhes (pronome reflexivo, pl. inf.)

Lição 11

EJERCICIOS / EXERCÍCIOS

Responda às perguntas usando informações do diálogo que introduz esta lição.

Exercício A

1. ¿Dónde van a comer Anita y Alberto y con quiénes?

2. ¿Quién habló con Lola ayer?

3. ¿Cuándo la llamó Alberto por teléfono?

4. ¿Cuántos van a ser?

5. ¿Dijo Lola que iban a traer algo? ¿Qué?

6. ¿Dónde compró Lola todo eso?

7. ¿Qué hizo Anita anoche?

8. ¿Alberto dijo que sabía cocinar?

9. ¿Cuál es la opinión de Anita sobre las bolsas de plástico?

10. ¿Adónde va Alberto para comprar pan?

Lição 11

Exercício B

Reescreva cada frase com o novo sujeito indicado em negrito. Certifique-se de que todas as palavras na frase concordem com o novo sujeito.

Ex.:
¿Qué hizo usted en Plaza Nueva? **ellos**
¿Qué **hicieron ellos** en Plaza Nueva?

1. Le di mil pesos. **él** _____
2. Fué él quien me invitó. **ellos** _____
3. Tuvo que salir. **yo** _____
4. No pude decir nada. **ella** _____
5. Pagaron demasiado. **vosotros** _____
6. No hicimos nada. **él** _____
7. Buscó el dinero. **yo** _____
8. ¿Se dio cuenta? **tú** _____
9. Fui a visitarla. **nosotros** _____
10. No vine. **usted** _____
11. Estuvieron allí. **ella** _____
12. Supieron todo. **yo** _____

Exercício C

Leia cada frase abaixo e complete o espaço em branco com a melhor opção em cada caso.

Ex.:
Quiero ver _____ hotel. (él, el)
Quiero ver **el** hotel.

1. ¿_____ está Correos? (Dónde, Donde)
2. No _____ hablar francés. (sé, se)
3. Me gusta el _____ (té, te)
4. Voy _____ me invitan. (sí, si)
5. _____ casa está aquí. (mí, mi)
6. Han aprobado _____ los que no estudiaron. (aún, aun)

Visite <http://www.berlitzpublishing.com> para atividades extras na internet – vá à seção de downloads e conecte-se com o mundo em espanhol!

Lição

REVISÃO: LIÇÕES 7-11

12

LEA Y ESCUCHE LOS DIÁLOGOS DE LAS LECCIONES 7 A 11 PARA PRACTICAR LA PRONUNCIACIÓN Y EL VOCABULARIO APRENDIDO.

Diálogo 7

Son las diez de la mañana del domingo y Anita y Alberto están sentados en la terraza de un café. Van a desayunar. El camarero está cerca de su mesa.

Camarero **Buenos días. ¿Qué quieren tomar?**

Alberto **¡Buenos días! Para mí, café con leche, unas tostadas y un bollo, por favor, con mermelada y mantequilla.**

Camarero **¿Y para usted, señorita?**

Anita **Para mí, té con limón. Me gusta el té. Y una magdalena también.**

Alberto **¿Qué piensa hacer hoy, Anita?**

Lição 12

Anita	Nada especial. Voy a pasear. Me gusta pasear.
Alberto	¿Algo más?
Anita	También me encantan los monumentos históricos. Estoy pensando ir a la catedral o a algún museo, o al río. No quiero dormir la siesta. Me interesan mucho las ciudades antiguas como Sevilla.
Alberto	¿Una siesta? Yo tampoco.
Anita	¿Qué vas a hacer entonces? ¿Ir a tomar vino y tapas?
Alberto	No lo sé. ¿Por qué no vamos al cine? Hay una película nueva. ¿Vamos? ¿De acuerdo?
Anita	Está bien, pero quiero ver la ciudad también. ¿A qué hora quiere ir al cine?
Alberto	La sesión de la tarde, a las siete, está bien, pero si prefiere la sesión de noche, a las diez, entonces vamos a las diez.
Anita	Y mientras tanto podemos visitar algunos museos e ir de paseo.
	(Media hora después)
Alberto	¡Camarero! La cuenta, por favor.
Camarero	Sí, señor. ¿Algo más?
Alberto	Nada más, gracias. ¿Cuánto le debo?
Camarero	Son siete euros con veinte.
Alberto	Aquí tiene.

Diálogo 8

El señor Martínez está en la ciudad de Santiago. Va a la pensión Altamira, donde tiene una reserva para la noche. Ahora está hablando con la recepcionista de la pensión.

Recepcionista	Hola, buenas tardes. ¿Qué desea?
Sr. Martínez	Buenas tardes. Tengo una reserva para esta noche.
Recepcionista	¿Su nombre, por favor?
Sr. Martínez	Soy Pablo Martínez.
Recepcionista	Bueno... Aquí está, una reserva para una persona.
Sr. Martínez	Pues sí. Para una noche. Me voy mañana por la mañana.

Lição 12

Recepcionista	Quiere rellenar esta ficha? ¿Tiene equipaje? Puede darle sus maletas al botones.
Sr. Martínez	¿Tiene bolígrafo, por favor? ¿Equipaje? No llevo nada, solo esta maleta pequeña.
Recepcionista	(Pausa) **Aquí tiene la ficha y el bolígrafo.**
Sr. Martínez	**Gracias.**
Recepcionista	**¿Habitación individual?**
Sr. Martínez	**No, doble, por favor, y con vista al mar.**
Recepcionista	**Aquí tiene una habitación tranquila con baño completo.**
Sr. Martínez	**¿En qué piso está?**
Recepcionista	**En el tercer piso. Puede tomar el ascensor.**
Señor Martínez	**¿Hay teléfono en la habitación?**
Recepcionista	**¡Claro que sí! Aquí tiene la llave. No... un momentito. Es la veintiséis y usted quiere la treinta y seis.**
Sr. Martínez	**¿Y el comedor? ¿Hasta qué hora sirven la cena y el desayuno?**
Recepcionista	**Está por allí en la planta baja... La cena la sirven hasta las once y el desayuno de ocho a once.**
Sr. Martínez	**Gracias, señorita.**
Recepcionista	**No hay de qué. Hasta luego, señor Martínez.**

Diálogo 9

Durante un viaje en otro país, David tiene que enviar algunas cosas desde correo. Escuche su conversación con la empleada de la oficina de correos.

David	Quisiera comprar un sello para una tarjeta postal.
Empleada	¿Para dónde?
David	**Para Reino Unido.**
Empleada	Son doscientos diez pesos. ¿Algo más?
David	**También quería mandar dos cartas, una para Estados Unidos y otra para este país.**
Empleada	Hace falta pesar las dos.
David	**Pensaba que hay una sola tarifa dentro del país.**
Empleada	No, no es así.

Lição 12

La empleada toma las cartas, las pesa y le da a David los sellos.

Empleada	Aquí tiene. Este es para este país, ese es para Estados Unidos.
David	También me gustaría mandar este paquete a Nueva York. No sabía si hacía falta mandarlo por avión. ¿Va a tardar mucho tiempo en llegar? ¿Qué piensa?
Empleada	Según. A veces sí, a veces no. Tal vez una semana, más o menos.
David	Tiene que llegar antes de Semana Santa, por lo tanto lo voy a mandar por avión.
Empleada	Con las fiestas tarda más, claro. (Pausa) Va a ser un poquito caro. Lo siento.
David	Sabía que iba a costar bastante.
Empleada	Son mil quinientos pesos en total.
David	Espere... Aquí tiene dos mil. No tengo suelto.
Empleada	¡Vale! Dos mil... Y aquí quinientos. Y tiene que rellenar una ficha.
David	De acuerdo. No lo sabía. (Pausa) ¿Qué hace falta escribir aquí? ¿Valor del contenido? ¿Dirección? No vivo aquí.
Empleada	Tiene que poner algo. ¿El nombre de su hotel?
David	Gracias, señorita.
Empleada	A usted, adiós.

Diálogo 10

El sr. Martínez y David están hablando sobre sus planes para el fin de semana.

Sr. Martínez	Bueno, David, ¿va a pasar el fin de semana en el campo? Tiene familia allí, ¿verdad?
David	No. Me quedo aquí en la ciudad. Me gusta mucho estar aquí.
Sr. Martínez	¡Pero... hombre! El campo es tan bonito en abril. Hace buen tiempo.
David	Por eso prefiero estar aquí. Mire el cielo azul. Mírelo. No hace calor, tampoco hace frío. Hace sol. No llueve. Hace un tiempo buenísimo.

Sr. Martínez	Tiene razón. No hace viento tampoco. Hay nubes pero no muchas.
David	¿Y usted no piensa quedarse?
Sr. Martínez	¡Qué va! Me voy a la sierra. Me gusta montar a caballo. Creo que las condiciones son ideales este fin de semana.
David	¿En serio?
Sr. Martínez	Va a hacer sol. Allí no nieva. Allí hizo buen tiempo el día que perdí el paraguas y el impermeable, el día que llovió tanto aquí.
David	Sí. Me acuerdo.
Sr. Martínez	Va a hacer un tiempo magnífico. No como aquel día el año pasado cuando nos acompañaron nuestros amigos ingleses que no sabían montar a caballo. Y usted nos acompañó también, ¿no?
David	¡Claro! Fue en diciembre, ¿verdad? Desapareció el sol. Llovió. Se levantó el viento. No me gustó en absoluto.
Sr. Martínez	Si hace frío se pone otro suéter y ya está.
David	Si hace frío me quedo aquí. Si hace calor me quedo aquí. Si tengo vacaciones me voy… a la playa tal vez… pero un fin de semana en la sierra no me apetece.
Sr. Martínez	¡Basta! De gustos y colores no hay nada escrito. Veo que no estás convencido. Hasta otro día.
David	Hasta otro día, señor Martínez. ¡Que lo pase bien!

Diálogo 11

Hoy Alberto y Anita van a comer en el campo con algunos amigos. Acaban de comprar vino y comida.

Anita	Alberto, ¿habló ayer con su amiga Lola? ¿Va a venir?
Alberto	Sí, la llamé anoche. Dijo que va a llegar a las diez con dos amigos.
Anita	Vamos a ser cinco. ¿Dijeron que van a traer algo?
Alberto	Lola no pudo ir al supermercado pero fue a una tienda pequeña donde compró galletas, vino, plátanos, naranjas y bizcocho.

Lição 12

Anita	Hizo muy bien. Lo cierto es que en el campo vamos a tener ganas de comer.
Alberto	¿Qué está preparando?
Anita	Ahora mismo la ensalada. Anoche preparé el postre, saqué platos, tenedores, cuchillos, cucharas, servilletas y todo, incluso el sacacorchos.
Alberto	Sé cocinar muy bien, pero compré estos pollos asados. Fui a Udaco en Plaza Nueva. Abrieron temprano hoy.
Anita	A ver. ¿Por qué los pusieron en tantas bolsas de plástico? El plástico es el enemigo del medio ambiente.
Alberto	¡Vamos! Tanto hablar del medio ambiente, de contenedores de vidrio, de reciclaje, de gasolina sin plomo…
Anita	Antes la gente no sabía nada de eso. Luego las autoridades se dieron cuenta del peligro. Tuvimos que empezar a ahorrar energía… dijeron que era necesario…
Alberto	Ya lo sé. ¿Está todo listo?
Anita	Todo menos el pan.
Alberto	Espere. Voy a la panadería de enfrente.
Anita	¡Qué amable es!
Alberto	Ahora mismo vuelvo. A ver si…
Anita	No hable tanto. Si llegan los otros, nos vamos en seguida.

EJERCICIOS / EXERCÍCIOS

Exercício A

Complete os itens abaixo com o artigo determinado correspondente: **el, la, los, las**.

Ex.:
el té
la plaza
los hombres
las pastas

1. _____ unidad   2. _____ pollo

Lição 12

3.	_____ plomo	22.	_____ fin de semana
4.	_____ sierra	23.	_____ mano
5.	_____ sacacorchos	24.	_____ personas
6.	_____ sello	25.	_____ zapatos
7.	_____ día	26.	_____ ascensor
8.	_____ tarde	27.	_____ comedor
9.	_____ noche	28.	_____ preguntas
10.	_____ llaves	29.	_____ voz
11.	_____ paraguas	30.	_____ periódicos
12.	_____ mes	31.	_____ secretarias
13.	_____ naranjas	32.	_____ mujer
14.	_____ postre	33.	_____ ordenadores
15.	_____ fotos	34.	_____ televisor
16.	_____ ensalada	35.	_____ almuerzo
17.	_____ tenedores	36.	_____ fichas
18.	_____ energía	37.	_____ bolígrafos
19.	_____ medio ambiente	38.	_____ pueblos
20.	_____ fuente	39.	_____ dinero
21.	_____ agua	40.	_____ tostadas

Exercício B

Nas sentenças seguintes aparecem diferentes tempos verbais. Você consegue reescrevê-las no presente do indicativo?

Ex.:
Llegué al mediodía.
Llego al mediodía.

1. Sacaron muchas fotos. _____

2. Hablé con la secretaria. _____

3. Desayunamos allí. _____

4. Pagaste demasiado. _____

5. Salieron a las cinco. _____

6. Bebisteis leche. _____

7. Escuchó la radio. _____

Lição 12

8. Miramos el programa. _____
9. Compraron pan. _____
10. No hicisteis nada. _____
11. Dijo algo. _____
12. Pusieron otra película. _____
13. ¿Pudo venir? _____
14. Diste mucho. _____
15. Dijimos la verdad. _____
16. Supe todo. _____
17. Conoció a Marta. _____
18. Busqué el hotel. _____
19. Mandasteis la carta. _____
20. Fuimos allí. _____
21. Estuvo en Londres. _____
22. Fue profesor. _____
23. Llamó por teléfono. _____
24. Contesté siempre. _____
25. Empezó tarde. _____

Exercício C

Responda cada pergunta com a forma apropriada de **ir** + infinitivo.

Ex.:
¿Estudió mucho?
No, **va a estudiar** mucho.

1. ¿Comprasteis pan? _____
2. ¿Eduardo volvió? _____
3. ¿Llegaron las cartas? _____
4. ¿Fueron ustedes a Argentina? _____
5. ¿Pagó usted? _____
6. ¿Los estudiantes hicieron algo? _____
7. ¿Comiste allí? _____
8. ¿Ustedes tomaron un taxi? _____

Lição 12

Exercício D

Escolha a melhor opção (pretérito imperfecto ou indefinido) para completar cada espaço em branco.

Ex.:
Siempre _____ a la playa. (fuimos/íbamos)
Siempre **íbamos** a la playa.

1. _____ en el restaurante todos los días. (comimos/comíamos)
2. _____ a las ocho aquel día. (llegué/llegaba)
3. Pablo _____ "Adiós" en seguida. (dijo/decía)
4. Luego _____ a Correos. (fuisteis/ibais)
5. Al ver a su amigo _____ inmediatamente para la sierra. (salió/salía)

Lição

13

¿DÓNDE ESTÁ, POR FAVOR?
ONDE FICA, POR FAVOR?

Un turista está paseando por las calles de Santiago y le pregunta a un policía cómo llegar a varios sitios.
Um turista está passeando pelas ruas de Santiago e pergunta a um policial como chegar a diferentes lugares.

Turista **Perdone, señor... Quisiera ir al museo. ¿Dónde está, por favor?**
Desculpe, senhor... gostaria de ir ao museu. Onde fica, por favor?

Policía **¿El museo?**
O museu?

Turista **Lo he buscado por todas partes pero no lo he encontrado.**
Procurei por todas as partes, mas não encontrei.

Policía **Pues sí, ahora me acuerdo. ¿Usted ha subido por allí, verdad? Bueno, ha pasado muy cerca. Está más cerca que el Hotel Carmona.**
Pois não. Agora eu me lembro. O senhor subiu por ali, certo? Bom, passou muito perto. Fica mais perto do Hotel Carmona.

Turista **No puede ser...**
Não pode ser...

Policía **Tiene que bajar esta calle hasta la fuente y doblar a la derecha. Después del semáforo, va a pasar delante del hospital y tomar la primera a la izquierda. Usted sigue todo recto y allí al fondo está, enfrente, a unos 50 metros. Está muy cerquita[1].**

1. Os diminutivos -ito, -ita e -illo, -illa não se referem necessariamente ao tamanho, mas indicam atitude por parte do falante, mostrando, muitas vezes, coloquialidade.

Lição 13

	Tem que descer esta rua até a fonte e virar à direita. Depois do farol vai passar na frente do hospital, pegar a primeira à esquerda. O senhor continua sempre em frente e lá no fundo está, em frente, a 50 m. Está muito pertinho.
Turista	Pero he pasado por allí sin verlo. *Mas devo ter passado por lá sem vê-lo.*
Policía	Eso dicen muchos. Está a cinco minutos a pie. *Isso é o que todos dizem. Fica a cinco minutos a pé.*
Turista	¿Y para ir después al Jardín Botánico? *E para ir depois ao Jardim Botânico?*
Policía	Eso es más complicado. *Isso já é mais complicado.*
Turista	¿Tengo que ir en taxi? *É melhor eu ir de táxi?*
Policía	No. Puede ir a pie. No es que esté tan lejos, sino que es menos fácil de encontrar. *Não. O senhor pode ir a pé. Não que esteja tão longe, mas não é tão fácil de encontrar.*
Turista	Jamás he visitado el Jardín Botánico y tengo muchas ganas de ir. *Nunca visitei o Jardim Botânico e tenho muita vontade de ir.*
Policía	Vamos a ver. Al salir del museo debe tomar la tercera a la derecha hacia el centro, seguir hacia abajo hasta el cruce, cruzar y luego tomar la segunda a la derecha entre el cine y el bar, y después de pasar el puente va a ver un parque detrás del colegio. Este es el Jardín Botánico. *Vamos ver. Ao sair do museu, o senhor deve pegar a terceira à direita em direção ao centro, seguir para baixo até o cruzamento, atravessar e depois pegar a segunda à direita entre o cinema e o bar e, depois de passar pela ponte, vai ver um parque atrás do colégio. Esse é o Jardim Botânico.*
Turista	¡Perfecto! Pero todavía no he sacado las entradas. *Perfeito! Mas ainda não comprei os ingressos.*
Policía	Eso se puede hacer allí mismo. Lo único es que hay que hacer cola. *Isso o senhor pode fazer lá mesmo. O único problema é que precisa fazer fila.*
Turista	Muchas gracias, señor. ¡Adiós! *Muito obrigado, senhor. Tchau.*

Lição 13

> *Policía* **¡Adiós! De nada.**
> *Tchau. De nada.*

GRAMÁTICA / GRAMÁTICA

1. EL PRETÉRITO PERFECTO DE INDICATIVO / O "PRETÉRITO PERFECTO" DO INDICATIVO DO ESPANHOL

O **pretérito perfecto** é formado com o verbo **haber** no presente do indicativo + o verbo principal no particípio. O particípio dos verbos terminados em **-AR** é formado acrescentando-se **-ADO** à raiz (**hablar** = **hablado**); já o dos verbos terminados em **-ER**, **-IR**, acrescenta-se **-IDO** à raiz (**comer** = **comido**; **venir** = **venido**).

O **pretérito perfecto** é muito utilizado para falar de ações realizadas no passado e que continuam no presente ou por sua ação, ou por seu efeito. Em geral, vem acompanhado de marcadores temporais como **hoy**, **últimamente**, **nunca**, **jamás**, **todavía**, **ya**, **esta semana**, **este mes**, **estos años** etc.

Quando se quiser referir a uma ação ou a algo localizado em algum tempo específico no passado, usa-se o pretérito perfeito (indefinido) e, muitas vezes, algum marcador que indique a localização da ação, como **ayer**, **anteayer**, **en 1834**, **hace dos años**, **ese año**, **ese mes** etc.

¿Has trabajado mucho últimamente?
Você tem trabalhado muito ultimamente?

Sí y por eso he estado muy cansado.
Sim e por isso ando tão cansado.

¿Has visitado el casco antiguo de la ciudad?
Você visitou o centro histórico da cidade?

Lo he visitado y me ha encantado.
Eu visitei e adorei.

Lo visité en 2007. *Eu o visitei em 2007.*

Lo visité ayer. *Eu o visitei ontem.*

Lo visité hace un mes. *Eu o visitei há um mês*

O particípio passado e o verbo **haber** nunca se separam. O advérbio de negação **NO** é colocado antes de todo verbo, da mesma forma que os pronomes complementos (**lo**, **la**, **le** etc.) ou reflexivos (**me**, **te**, **se**, **nos**, **os**, **se**). Veja os exemplos:

Todavía no lo he leído.
Ainda não o li.

Él se ha despertado muy pronto hoy.
Ele acordou muito cedo hoje.

Lição 13

HABLAR / FALAR

Yo **he hablado**	*Eu falei*
Tú **has hablado**	*Você falou*
Usted, Él, Ella **ha hablado**	*O senhor, a senhora, ele, ela falou*
Nosotros, nosotras **hemos hablado**	*Nós falamos*
Vosotros, vosotras **habéis hablado**	*Vocês falaram*
Ustedes, Ellos, Ellas **han hablado**	*Os senhores, as senhoras, eles, elas falaram*

COMER / COMER

Yo **he comido**	*Eu comi*
Tú **has comido**	*Você comeu*
Usted, Él, Ella **ha comido**	*O senhor, a senhora, ele, ela comeu*
Nosotros, nosotras **hemos comido**	*Nós comemos*
Vosotros, vosotras **habéis comido**	*Vocês comeram*
Ustedes, Ellos, Ellas **han comido**	*Os senhores, as senhoras, eles, elas comeram*

VIVIR / MORAR, VIVER

Yo **he vivido**	*Eu morei/vivi*
Tú **has vivido**	*Você morou/viveu*
Usted, Él, Ella **ha vivido**	*O senhor, a senhora, ele, ela morou/viveu*
Nosotros, nosotras **hemos vivido**	*Nós moramos/vivemos*
Vosotros, vosotras **habéis vivido**	*Vocês moraram/viveram*
Ustedes, Ellos, Ellas **han vivido**	*Os senhores, as senhoras, eles, elas moraram/viveram*

Yo he comido pollo.
Eu comi frango.

Los chicos no han llegado.
Os meninos não chegaram.

No hemos encontrado el hospital.
Nós não encontramos o hospital.

No ha sido posible visitar la ciudad antigua.
Não foi possível visitar a cidade antiga.

El sr. Juan no se ha levantado todavía.
O Sr. Juan não se levantou ainda.

Él no ha comido nada.
Ele não comeu nada.

¿Habéis cruzado la calle allí?
Vocês atravessaram a rua ali?

Vale ressaltar que o **pretérito perfecto** é muito próprio da variedade do espanhol da Espanha e de poucos lugares na América Latina. Na maioria das regiões da América do Sul, por exemplo, em lugar do **pretérito perfecto**, os falantes usam o **indefinido**.

2. LOS PARTICIPIOS IRREGULARES / OS PARTICÍPIOS IRREGULARES

Os particípios irregulares não seguem a regra comum à formação dos particípios, ou seja, verbos em **-ar > -ado**, verbos em **-er** ou **-ir > -ido**. Em geral, possuem uma forma semelhante ao substantivo a que correspondem: **ver > visto**, como em **la vista** (a vista). Veja os seguintes particípios irregulares:

hecho	**hacer**	*fazer*
dicho	**decir**	*dizer*
vuelto	**volver**	*voltar*
visto	**ver**	*ver*
puesto	**poner**	*pôr/colocar*
cubierto	**cubrir**	*cobrir*
descubierto	**descubrir**	*descobrir*
abierto	**abrir**	*abrir*
escrito	**escribir**	*escrever*
muerto	**morir**	*morrer*
roto	**romper**	*romper*
frito/freído	**freír**	*fritar*

¿Ha visto usted el Jardín Botánico?
O senhor viu o Jardim Botânico?

No hemos visto la fuente ni el museo.
Não vimos a fonte nem o museu.

He escrito las postales pero no he puesto la dirección.
Eu escrevi os postais, mas não coloquei o endereço.

Elena no ha vuelto.
Elena não voltou.

Lição 13

3. LAS PREPOSICIONES II / AS PREPOSIÇÕES II

Nesta lição, você viu que apareceram preposições novas, indicando lugar, que a gramática tradicional considera também advérbio de lugar. Lembre-se de que os verbos só virão acompanhados da preposição **de** se estiverem relacionando um objeto com outro.

Está lejos.
Está longe.

Está lejos del hospital.
Está longe do hospital.

Correos está enfrente.
O correio está na frente.

Correos está enfrente de la fuente.
O correio está na frente da fonte.

4. LOS PUNTOS CARDINALES / OS PONTOS CARDEAIS

Os pontos cardeais são:

el Norte	*o Norte*
el Sur	*o Sul*
el Este	*o Leste*
el Oeste	*o Oeste*

Entre eles, temos:

el Nordeste ou **el Noreste**	*o Nordeste*
el Noroeste	*o Noroeste*
el Sudeste ou **el Sureste**	*o Sudeste*
el Suroeste ou **el Suroeste**	*o Sudoeste*

5. LA COMPARACIÓN / A COMPARAÇÃO

As comparações são feitas colocando **más... que** (mais... do que) ou **menos... que** (menos... do que) com os adjetivos correspondentes. Observe que, em espanhol, não há a preposição "do" antes do "que", como em português. Veja os seguintes exemplos:

El ayuntamiento es más antiguo que el castillo.
A prefeitura é mais antiga do que o castelo.

Esta ciudad es menos interesante que la otra.
Esta cidade é menos interessante do que a outra.

El parque es más grande que la plaza.
O parque é maior do que a praça.

El hotel nuevo es menos feo que el cine.
O hotel novo é menos feio do que o cinema.

Uma das formas de expressão do superlativo é semelhante à comparação, mas deve-se usar o artigo concordando com o elemento comparado.

Comparativo: **Esta calle es más ancha que la de abajo.**
Esta rua é mais larga do que a de baixo.

Superlativo: **Esta calle es la más ancha.**
Esta rua é a mais larga.

Observe que, no caso dessas construções de superlativo em espanhol, assim como em português, deve-se manter as preposições **de**, **da**, **do**.

Esta calle es la más estrecha de la ciudad.
Esta rua é a mais estreita da cidade.

Ha sido el día más interesante de mi vida.
Foi o dia mais interessante da minha vida.

Es el edificio más moderno de la región.
É o prédio mais moderno da região.

---

6. COMPARATIVOS Y SUPERLATIVOS IRREGULARES / COMPARATIVOS E SUPERLATIVOS IRREGULARES

bueno/buena	**mejor**	**el/la mejor**	bom, melhor, o melhor, a melhor
malo/mala	**peor**	**el/la peor**	mau, pior, o pior, a pior
grande	**mayor**	**el/la mayor**	grande, maior, o maior (mais velho), a maior (mais velha)
pequeño	**menor**	**el/la menor**	pequeno, menor, o menor (mais novo), a menor (mais nova)

Atenção: **Mayor** e **menor** são usados em geral para indicar a idade, no sentido de "mais velho" ou "mais velha". **Más grande** e **más pequeño** são usados para indicar o tamanho de coisas, como o número de sapato ou o tamanho de roupa ou objetos.

Mi hermano menor.
Meu irmão mais novo.

Su hermana mayor.
Sua irmã mais velha.

Mayo es el mejor mes del año.
Maio é o melhor mês do ano.

Es la peor tienda de la ciudad.
É a pior loja da cidade.

Son los mejores coches del mundo.
São os melhores carros do mundo.

Son las peores sillas del hotel.
São as piores cadeiras do hotel.

VOCABULARIO / **VOCABULÁRIO**

un policía, una policía: um policial, uma policial
la policía: a polícia
el turista, la turista: o turista, a turista
perdone: desculpe
quisiera: gostaria
por todas partes: por toda parte, por todo lado
bajar: descer
doblar: virar
hacer cola: pegar fila
ir a pie: ir a pé
el puente: a ponte
el semáforo: o semáforo
el hospital: o hospital
el colegio: o colégio
el cruce: o cruzamento
el Jardín Botánico: o Jardim Botânico
(a) la izquierda (de): (à) esquerda (de)
(a) la derecha (de): (à) direita (de)
detrás (de): atrás (de)
todo recto: em frente, adiante
enfrente (de): em frente (de), em frente (a)
después: depois
a x metros: a x metros de
lejos (de): longe (de)
al fondo (de): no fundo (de)
cerquita: cerca + diminutivo: perto, pertinho
abajo: abaixo, de baixo
arriba: acima, de cima
perfecto, perfecta: perfeito, perfeita
ancho, ancha: largo, larga
la entrada: a entrada, o ingresso
sacar las entradas: comprar os ingressos
la tienda: a loja
el ayuntamiento: a prefeitura
el castillo: o castelo
la plaza: a praça
el edificio: o prédio
el Norte: o Norte
el Sur: o Sul
el Este: o Leste
el Oeste: o Oeste
el Nordeste: o Nordeste
el Noroeste: o Noroeste

Lição 13

> **el Sudeste:** o Sudeste
> **el Suroeste:** o Sudoeste
> **el pretérito indefinido:** o pretérito perfeito
> **la comparación:** a comparação
> **todavía no:** ainda não
> **allí mismo:** lá mesmo
> **hacia:** em direção a
> **el hermano:** o irmão
> **la hermana:** a irmã

EJERCICIOS / EXERCÍCIOS

Exercício A

Responda às perguntas usando informações do diálogo que introduz esta lição.

1. ¿Qué quería saber el turista? _____

2. ¿El policía sabe dónde está? _____

3. Para llegar al museo, ¿qué tiene que hacer después de llegar a la fuente? _____

4. ¿Tiene que ir en taxi al Jardín Botánico? _____

5. ¿Dónde está el parque? _____

6. ¿Ya tiene las entradas el turista? _____

Exercício B

Complete as orações abaixo com a forma correta dos verbos indicados entre parênteses no pretérito perfecto.

Ex.:
Hoy Marta **ha tenido** mucho trabajo. (tener)
Siempre **hemos querido** ir allí. (querer)

1. ¿No _____ usted en avión? (viajar)
2. Ellos _____ varias cartas. (recibir)
3. Mi hermano no _____ nada. (pagar)

Lição 13

4. Nosotros no _____ a Lima. (volver)
5. Yo _____ todo. (descubrir)
6. Su amiga no _____ venir. (poder)
7. ¿Por qué _____ las ventanas vosotros? (abrir)
8. Él _____ muchas tonterías. (decir)
9. Los turistas _____ mucho por el país. (hacer)
10. ¿No _____ tú nada? (ver)
11. ¡Qué horror! Me _____ la pierna. (romper)
12. ¿No _____ ellos el coche en el garaje? (poner)
13. Tú y yo _____ muchas cosas hoy. (hacer)
14. ¿_____ vosotros a recoger a los niños hoy? (ir)

Complete as orações com a o advérbio de lugar correspondente em espanhol.

Ex.:
El bar está **detrás del** comedor. (atrás do)

1. El hotel está _____ del teatro. (na frente)
2. La plaza está _____ del hospital. (perto)
3. _____ el bar y el semáforo hay un teléfono. (entre)
4. Todo recto y Correos está _____. (à direita)
5. No _____ de la plaza hay un colegio. (distante)
6. _____ del parque hay una parada de autobús. (na frente)
7. El hotel está _____. (a 10 minutos a pé)
8. La ciudad antigua está _____. (a 2 km daqui)
9. _____ del cine hay una calle estrecha. (atrás)
10. _____ del cruce, debe tomar la primera a la izquierda. (depois)

Exercício C

Lição 13

Exercício D

Traduza as seguintes orações para o espanhol. Preste atenção ao uso correto das comparações e dos superlativos.

1. O castelo é mais velho do que a prefeitura. _____

2. Esta é a cidade mais interessante de toda a região.

3. O hospital é o maior prédio da cidade. _____

4. Ele é meu irmão mais velho. _____

5. São os melhores carros do mundo. _____

> Visite <http://www.berlitzpublishing.com> para atividades extras na internet – vá à seção de downloads e conecte-se com o mundo em espanhol!

¿CÓMO ESTÁ LA FAMILIA?
COMO VAI A FAMÍLIA?

Lição 14

Esta tarde David y Anita han ido a casa del señor Martínez. Ahora los tres están sentados en la sala de estar. El señor Martínez está sirviendo café.
Esta tarde David e Anita foram à casa do senhor Martínez. Agora, os três estão sentados na sala. O senhor Martínez está servindo café.

Señor Martínez	**¿Más café, Anita?** *Mais café, Anita?*
Anita	**Pues sí, gracias, solo y sin azúcar.** *Sim, obrigada, puro e sem açúcar.*
Señor Martínez	**¿Y usted, David? ¿Le sirvo otro poco?** *E você, David? Posso lhe servir mais um pouco?*
David	**Para mí no, gracias. No me gusta tanto el café. Prefiero el vino.** *Para mim não, obrigado. Não gosto muito de café. Prefiro vinho.*

Lição 14

Señor Martínez **Usted es como mi mujer. No le gusta el café… ni el té. Desgraciadamente el vino no es muy bueno para la salud.**
Você é como a minha mulher. Não gosta de café... nem de chá. Infelizmente vinho não é muito bom para a saúde.

David **El café y el té contienen cafeína. El vino no la tiene.**
Café e chá contêm cafeína. O vinho, não.

Señor Martínez **Basta de tonterías. Anita, ha estado en España. Qué tal mi familia?**
Chega de besteira. Anita, você foi para a Espanha, não é? Como vai minha família?

Anita **Bueno, pasé prácticamente todo el tiempo en Sevilla, donde conocí a su primo Alberto, cuyos amigos también eran muy simpáticos.**
Bom, passei praticamente o tempo todo em Sevilha, onde conheci o seu primo Alberto, cujos amigos também eram muito simpáticos.

Señor Martínez **¿Antes de irse no había dicho que iba a visitar Madrid?**
Antes de viajar não tinha me dito que ia visitar Madri?

Anita **Claro, después de visitar Sevilla fui allí, y los padres de Pablo me invitaron a cenar.**
Sim, depois de visitar Sevilha fui para lá e os pais do Pablo me convidaram para jantar.

Señor Martínez **Nos han escrito. Nos han contado que estuvo allí y que sacó muchas fotos. ¿Ha traído las fotos hoy?**
Eles nos escreveram. Contaram que você esteve lá e que tirou muitas fotos. Você trouxe as fotos hoje?

Anita **A ver… pensaba que las había puesto en el bolso… aquí están.**
Deixe-me ver... acho que as coloquei na bolsa... aqui estão.

Señor Martínez **¿Nadie quiere más café? ¿Seguro?**
Ninguém quer mais café? Certeza?

David **¡Qué hermoso es esto! ¿Es Sevilla?**
Que lindo! É Sevilha?

Señor Martínez **David, ¿no conoce el refrán "quien no ha visto Sevilla, no ha visto maravilla"?**
David, você não conhece o ditado "quem não viu Sevilha, não viu a maravilha"?

Lição 14

David
: ¡Qué interesante! Antes de la Expo 92[1] no había oído hablar de Sevilla.
Que interessante! Antes da Expo 92 nunca tinha ouvido falar de Sevilha.

Anita
: Y aquí, unas fotos de su familia, aunque francamente no son muy buenas. No sé si les gusta mirar tantas fotos.
E aqui, umas fotos da sua família. Sinceramente, não saíram muito boas. Não sei se vocês querem ver tantas fotos.

Señor Martínez
: ¡Qué cosa! David, estas dos señoritas que ve aquí... ¡qué guapas son! Son las dos niñas de cinco y ocho años que están allí en aquel cuadro... que es de hace doce años.
Que coisa! David, essas duas garotas que você está vendo aqui... que lindas são! São as duas meninas de cinco e oito anos que estão lá naquele quadro... que é de doze anos atrás.

Anita
: Y aquí... los padres y los tíos de Pablo.
E aqui... os pais e os tios do Pablo.

Señor Martínez
: Mis padres, o sea, los abuelos de las dos niñas.
Meus pais, ou seja, os avós das duas meninas.

Anita
: No hay que olvidar a su sobrino... y esta será su novia.
Não pode se esquecer do seu sobrinho... e esta é a namorada dele.

Señor Martínez
: ¡No me diga! ¿Tiene novia?
Não diga! Ele tem namorada?

Anita
: Desde luego. Y piensan casarse. Están buscando un apartamento[2] y todo.
Isso mesmo. E estão pensando em se casar. Estão procurando apartamento e tudo.

Señor Martínez
: Y aquí, ¿qué están haciendo?
E aqui, o que estão fazendo?

Anita
: No me acuerdo exactamente.
Eu não me lembro exatamente.

David
: ¿No están leyendo el periódico? Él está mirando el anuncio y ella está explicando algo.

[1] A Expo 92 foi uma feira internacional que fez com que Sevilha se tornasse um destino turístico mais conhecido.

[2] Na Espanha, também se diz "piso" para dizer "apartamento". E pode-se usar departamento, principalmente aqui na América do Sul.

Lição 14

> *Não estão lendo o jornal? Ele está olhando o anúncio e ela está explicando algo.*
>
> **Anita** — **Y la casa de su hermano. ¿No ve qué bonita es?**
> *E a casa do seu irmão. Vê como é bonita?*
>
> **Señor Martínez** — **El comedor... esta es la cocina... el cuarto de estar... uno de los dormitorios... la escalera...**
> *A sala de jantar... esta é a cozinha... a sala... um dos quartos... a escada...*
>
> **Anita** — **Y finalmente el jardín... y un garaje inmenso.**
> *E finalmente o jardim... e uma garagem imensa.*
>
> **Señor Martínez** — **Le había dicho que quería ver unas fotos... pero realmente ha sido magnífico. Muchas gracias.**
> *Tinha dito que queria ver algumas fotos... mas realmente foi magnífico. Muito obrigado.*

GRAMÁTICA / GRAMÁTICA

1. LOS ADVERBIOS / OS ADVÉRBIOS

Muitos advérbios em espanhol são formados diretamente do adjetivo. Para fazê-lo, basta acrescentar o sufixo **-mente** à forma feminina do adjetivo.

| desesperada | desesper**adamente** | *desesperadamente* |
| rápida | rápid**amente** | *rapidamente* |

Observe que, quando houver acento no adjetivo, este é mantido na mesma sílaba como em: **rápida > rápidamente**.

| fácil | fácil**mente** | *facilmente* |
| normal | normal**mente** | *normalmente* |

Normalmente los niños obedecen sus padres.
As crianças normalmente obedecem a seus pais. (normal)

Mis primos son **totalmente** imposibles. (total)
Meus primos são totalmente impossíveis.

Mi nieto gritó **furiosamente**. (furioso)
Meu neto gritou furiosamente.

Saliste **inmediatamente.** (inmediato)
Você saiu imediatamente.

Lição 14

Está **locamente** enamorado. (loco)
Ele está loucamente apaixonado.

Se houver vários advérbios em uma mesma frase, devemos acrescentar o sufixo **-mente** apenas no último.

Suben la calle **lenta, segura** y **determinadamente.**
Eles estão subindo a rua lenta, segura e determinadamente.

El tío le habló **atrevida** y **resueltamente.**
O tio falou com ela atrevida e resolutamente.

Alguns advérbios têm uma forma particular e não são formados a partir do adjetivo. Veja a lista abaixo.

bien	*bem*
mal	*mal*
despacio	*devagar*
de prisa	*depressa*
pronto	*logo*
demasiado	*demais*
bastante	*bastante*
de repente	*de repente*
muy	*muito*

O comparativo dos advérbios se forma da mesma maneira que o comparativo dos adjetivos (ver Lição 13), ou seja, colocando **más** (mais) ou **menos** antes do advérbio e **que** depois dele.

Juan gana menos **que** yo. *O João ganha menos do que eu.*

Lo explicó **más** rápidamente hoy. *Hoje ele explicou isso mais rapidamente.*

Exceções:

bien	**mejor**	*melhor*
mal	**peor**	*pior*

Conducen **mejor** en la capital.
Dirigem melhor na capital.

Allí hablan **peor** que aquí.
Lá falam pior do que aqui.

2. **EL GERUNDIO** / O GERÚNDIO

Na Lição 5, você aprendeu a expressar uma ação que ocorre no mesmo instante em que se fala, através do uso de **estar + verbo no gerúndio**.

Estoy cenando.
Estou jantando.

Está lloviendo.
Está chovendo.

Están buscando un apartamento.
Estão procurando um apartamento.

Laura **está** sirviendo café.
Laura está servindo café.

Veja que **estar**, assim como em português, pode ser usado em diferentes tempos.

José **estaba** leyendo.
José estava lendo.

As frases acima mostram duração e continuidade, ou seja, estão focadas no tempo enquanto a ação estava acontecendo. Compare os exemplos com o de baixo, que foca simplesmente uma atividade que aconteceu no passado:

Juan leía.
Juan lia.

No entanto, para descrever estados ou posições que são o resultado de uma ação, em espanhol se utiliza o particípio (**-ado**, **-ido**) e não o gerúndio (**-ando**, **-iendo**), com o verbo concordando em gênero e número com o sujeito.

Los Martínez están sentados.
Os membros da família Martínez estão sentados.

Outros exemplos similares são:

acostado/acostada	*deitado/deitada*
arrodillado/arrodillada	*ajoelhado/ajoelhada*
suspendido/suspendida	*pendurado/pendurada*

Além do gerúndio e do particípio, em espanhol se usa o infinitivo, assim como em português, para várias expressões. Veja os exemplos.

Lição 14

Al **llegar**...	Ao <u>chegar</u>...
Después de **visitar** Sevilla...	Depois de <u>visitar</u> Sevilha...
Antes de **irse**...	Antes de <u>ir</u> embora...
Sin **esperar**...	Sem <u>esperar</u>...
Me gusta **mirar** fotos.	Gosto de <u>ver</u> fotos.

Observe que alguns verbos têm uma irregularidade no gerúndio somente na terceira pessoa, tanto do singular quanto do plural. Muitos desses verbos têm a mesma irregularidade no **presente** e no **pretérito indefinido** do Indicativo.

Infinitivo	Presente	Pretérito	Gerúndio
servir	Él/Ella/Usted sirve	Él/Ella/Usted sirvió	Él/Ella/Usted está sirviendo
(*servir*)	*Ele/ela/o senhor serve*	*Ele/ela/o senhor serviu*	*Ele/ela/o senhor está servindo*
morir	Él/Ella/Usted muere	Él/Ella/Usted murió	Él/Ella/Usted está muriendo
(*morrer*)	*Ele/ela/o senhor morre*	*Ele/ela/o senhor morreu*	*Ele/ela/o senhor está morrendo*
pedir	Él/Ella/Usted pide	Él/Ella/Usted pidió	Él/Ella/Usted está pidiendo
(*pedir*)	*Ele/ela/o senhor pede*	*Ele/ela/o senhor pediu*	*Ele/ela/o senhor está pedindo*
preferir	Él/Ella/Usted prefiere	Él/Ella/Usted prefirió	Él/Ella/Usted está prefiriendo
(*preferir*)	*Ele/ela/o senhor prefere*	*Ele/ela/o senhor preferiu*	*Ele/ela/o senhor está preferindo*
leer	Él/Ella/Usted lee	Él/Ella/Usted leyó	Él/Ella/Usted está leyendo
(*ler*)	*Ele/ela/o senhor lê*	*Ele/ela/o senhor leu*	*Ele/ela/o senhor está lendo*

EL PLUSCUAMPERFECTO / O PRETÉRITO MAIS-QUE-PERFEITO

Na Lição 13, você aprendeu a forma do **pretérito perfecto**.

He hablado/comido/salido.
Eu falei/comi/saí.

Lição 14

O **pluscuamperfecto** (mais-que-perfeito) se forma do imperfeito de **haber** + particípio do verbo principal.

Pretérito perfecto	Pluscuamperfecto
he llegado/bebido/vivido	había llegado/bebido/vivido
has llegado/bebido/vivido	habías llegado/bebido/vivido
ha llegado/bebido/vivido	había llegado/bebido/vivido
hemos llegado/bebido/vivido	habíamos llegado/bebido/vivido
habéis llegado/bebido/vivido	habíais llegado/bebido/vivido
han llegado/bebido/vivido	habían llegado/bebido/vivido

Assim como no caso do **pretérito perfecto**, o **pluscuamperfecto** não muda, com uma única exceção que apresentaremos mais adiante.

No habíamos terminado cuando Manuel llegó.
Não tínhamos terminado quando o Manuel chegou.

El abuelo no sabía que los tíos habían muerto.
O avô não sabia que os tios tinham morrido.

El agente no sabía quién lo había hecho.
O agente não sabia quem tinha feito aquilo.

4. LA FAMILIA / A FAMÍLIA

Estude o vocabulário relacionado com a família:

el padre	o pai
la madre	a mãe
los padres	os pais
el abuelo	o avô
la abuela	a avó
los abuelos	os avós
el tío	o tio
la tía	a tia
los tíos	os tios

el hijo	*o filho*
la hija	*a filha*
los hijos	*os filhos*
el nieto	*o neto*
la nieta	*a neta*
los nietos	*os netos*
el primo	*o primo*
la prima	*a prima*
los primos	*os primos*
el sobrino	*o sobrinho*
la sobrina	*a sobrinha*
el suegro	*o sogro*
la suegra	*a sogra*
los suegros	*os sogros*
el marido	*o marido*
el esposo	*o esposo*
la mujer	*a mulher*
la esposa	*a esposa*
el novio	*o namorado*
la novia	*a namorada*

VOCABULARIO / **VOCABULÁRIO**

ir a casa de X: ir à casa da/do X
estar en casa de X: estar na casa da/do X
servir el café: servir o café
el azúcar: o açúcar
sacar fotos: tirar fotos
la escalera: as escadas
la sala de estar: a sala de estar
la cocina: a cozinha

Lição 14

el dormitorio: o quarto
el jardín: o jardim
el garaje: a garagem
el cuadro: o quadro
el anuncio: o anúncio
el refrán: o provérbio
la maravilla: a maravilha
el equivalente: o equivalente
el pluscuamperfecto: o mais-que-perfeito
la salud: a saúde
la cafeína: a cafeína
desgraciadamente: infelizmente
prácticamente: praticamente
despacio: devagar
deprisa: depressa
¡No me diga!: Não diga!
¡Qué cosa!: Que coisa!, Nossa!
desde luego: isso mesmo!
llamar: ligar
hacer (las) compras: fazer (as) compras
contener: conter
basta de tonterías: chega de besteira
olvidar: esquecer
oír hablar de: ouvir falar de
casarse: casar-se
acordarse (de): lembrar-se de
leer: ler
mejor: melhor
peor: pior
por supuesto: é claro
resuelto, resuelta: resoluto, resoluta
determinado, determinada: determinado, determinada
enamorado, enamorada: apaixonado, apaixonada
hermoso, hermosa: belo, bela
exacto, exacta: exato, exata
inmenso, inmensa: imenso, imensa
maravilloso, maravillosa: maravilhoso, maravilhosa
loco, loca: louco, louca
concreto, concreta: concreto, concreta
inmediato, inmediata: imediato, imediata
el padre: o pai
la madre: a mãe
los padres: os pais
el abuelo: o avô
la abuela: a avó

Lição 14

los abuelos: os avós
el tío: o tio
la tía: a tia
los tíos: os tios
el hijo: o filho
la hija: a filha
los hijos: os filhos
el nieto: o neto
la nieta: a neta
los nietos: os netos
el primo: o primo
la prima: a prima
los primos: os primos
el sobrino: o sobrinho
la sobrina: a sobrinha
el suegro: o sogro
la suegra: a sogra
los suegros: os sogros
el marido: o marido
el esposo: o esposo
la mujer: a mulher
la esposa: a esposa
el novio: o namorado
la novia: a namorada

Lição 14

EJERCICIOS / EXERCÍCIOS

Exercício A

Responda às perguntas usando informações do diálogo que introduz esta lição.

1. ¿Dónde están Anita y David? _____
   _____

2. ¿Qué está haciendo el señor Martínez? _____
   _____

3. ¿A David le gusta el café? _____
   _____

4. Después de visitar Sevilla, ¿adónde fue Anita?
   _____
   _____

5. ¿David conoce Sevilla? ¿Qué dice de la ciudad?
   _____
   _____

6. ¿Por qué habla el señor Martínez del cuadro y de las niñas de cinco y ocho años? _____
   _____

Exercício B

Transforme cada adjetivo da lista em um advérbio.

Ex.:
cortés **cortésmente**
claro **claramente**

1. franco _____
2. real _____
3. desafortunado _____
4. concreto _____
5. final _____
6. rápido _____
7. lento _____
8. triste _____
9. solo _____
10. simple _____
11. feliz _____
12. completo _____
13. maravilloso _____
14. práctico _____
15. actual _____
16. evidente _____

Lição 14

17. leal _____   19. seguro _____
18. sincero _____   20. cierto _____

Exercício C

As orações abaixo estão em pretérito imperfecto. Reescreva-as no pluscuamperfecto.

Ex.:
Cuando llegué, *salían* de la casa.
Cuando llegué, **habían salido** de la casa.

1. Cuando le telefoneé, Ignacio *escribía* la carta.
   _____

2. Cuando lo vi, no lo *hacía*. _____
   _____

3. Cuando los encontré, *pagaban* la cuenta. _____
   _____

4. Cuando llegaron, el tren *entraba* en la estación.
   _____

5. Cuando entré, *pedían* dinero a su padre. _____
   _____

6. Cuando llegamos, usted no *ayudaba* a sus primos.
   _____

7. Cuando nos vieron, *leíamos* el periódico. _____
   _____

8. Cuando salí, no *llovía*. _____
   _____

9. Cuando murió el abuelo, no *moría* el hijo. _____
   _____

10. Cuando nació el primer hijo, *comprábamos* la casa.
    _____

Exercício D

Traduza as orações seguintes ao espanhol, usando o vocabulário apropriado e o pluscuamperfecto.

1. Ele não tinha conseguido ir. _____
   _____

Lição 14

2. Eles não tinham comprado as passagens. _____

3. Anita tinha esquecido as fotos. _____

4. David não tinha ouvido falar de Sevilha. _____

5. Os pais do Pablo tinham escrito a carta. _____

6. Ele tinha preparado o café. _____

7. Anita não tinha visitado Sevilha antes. _____

8. Nós não tínhamos tomado café. _____

Exercício E

Traduza as orações para o espanhol com especial atenção ao uso do infinitivo.

1. Ao chegar, ele sentou. _____

2. Gosto de ver os jornais. _____

3. Antes de comer, bebemos algo. _____

4. Depois de visitar a cidade, escrevemos uma carta. _____

5. Sem fazer a reserva, ele foi para o aeroporto.

Visite <http://www.berlitzpublishing.com> para atividades extras na internet – vá à seção de downloads e conecte-se com o mundo em espanhol!

Lição

LA BUSCO DESDE HACE MEDIA HORA
ESTOU PROCURANDO-A HÁ MEIA HORA

15

Un viajero ha perdido su maleta en la estación. Entonces, ve a una señorita y le pregunta por ella.
Um viajante perdeu a mala na estação. Então vê uma moça e lhe pergunta.

Viajero	**Por favor, señorita, ¿ha visto por aquí una pequeña maleta gris y roja? La dejé aquí.**
	Por favor, senhorita. Viu por aqui uma mala pequena cinza e vermelha? Deixei-a aqui.
Señorita	**¿Aquí? No, señor.**
	Aqui? Não, senhor.
Viajero	**He perdido mi maleta. La estoy buscando desde hace media hora.**
	Perdi a minha mala. Estou procurando-a há meia hora.
Señorita	**¡Tal vez la encontrará! ¿Estará en la Oficina de Objetos Perdidos?**
	Tomara que a encontre. Será que está no Setor de Achados e Perdidos?

Lição 15

Viajero No lo sé. ¿Qué haré sin todas aquellas cosas? Mis padres me regalaron esa maleta cuando tenía trece años. No podré ir de vacaciones. Será imposible.
Não sei. O que vou fazer sem todas as minhas coisas? Os meus pais me deram a mala de presente quando eu tinha 13 anos. Não vou poder sair de férias. Será impossível.

Señorita ¿Dónde fue con la maleta? ¿Se acuerda?
Aonde foi com a mala? Lembra-se?

Viajero ¡Yo qué sé! Salí esta mañana a las ocho. Vine a la estación. Fui al banco allí enfrente. Puse la maleta allí. Hice cola para cambiar dinero.
Eu sei lá! Saí esta manhã às oito. Vim à estação. Fui ao banco ali na frente. Coloquei a mala ali. Entrei na fila para trocar dinheiro.

Señorita ¿Cuándo se dio cuenta de que no tenía la maleta?
Quando percebeu que a mala não estava?

Viajero Hace media hora, al llegar a Información.
Há meia hora, ao chegar ao balcão de informações.

Señorita ¿Y la busca desde hace media hora?
E está procurando-a há meia hora?

Viajero Exacto... eso es.
Exato... isso mesmo.

Señorita Bueno, yo en su lugar iría a la Oficina de Objetos Perdidos.
Bom, se eu fosse você, iria ao Setor de Achados e Perdidos.

Viajero ¡Qué pesadilla! No podré ir a Tokio. No llegaré al aeropuerto a tiempo. Tendré que quedarme aquí.
Que pesadelo! Não vou poder ir a Tóquio. Não chegarei ao aeroporto a tempo. Vou ter que ficar aqui.

Señorita Bueno... yo en su lugar preguntaría allí si tienen la maleta.
Bom... se eu fosse você, iria perguntar se estão com a sua mala.

Viajero Gracias. Usted es muy amable.
Obrigado. A senhorita é muito gentil.

Señorita Oiga, ¿no ve aquella maleta gris y roja? ¿No será la suya?
Ouça, está vendo aquela mala cinza e vermelha? Não é a sua?

Viajero	No veo nada. ¿Dónde?
	Não estou vendo. Onde?
Señorita	Allí, al fondo, hay muchas maletas todas juntas.
	Lá, no fundo, há muitas malas todas juntas.
Viajero	No puede ser. La mía estaba conmigo y de todas formas yo no estaba allí al fondo tampoco.
	Não é possível. A minha estava comigo e, mesmo assim, eu não estava lá ao fundo.
Señorita	¿No será la suya... gris y roja? ¿Con aquel grupo de turistas?
	Não será a sua... cinza e vermelha? Com aquele grupo de turistas?
Viajero	Iré a ver. Volveré en seguida.
	Vou ver. Volto em um instante.

Dos minutos después...
Dois minutos depois...

Viajero	¡Qué suerte! Es la mía, pero los turistas habían pensado que era suya. Iré en seguida al aeropuerto. Tal vez llegue a tiempo. Muchas gracias, señorita, adiós.
	Que sorte! É a minha, os turistas tinham pensado que era deles. Vou agora mesmo ao aeroporto. Talvez chegue a tempo. Muito obrigado, senhorita, tchau.
Señorita	De nada. Adiós. ¡Buen viaje!
	De nada. Tchau. Boa viagem!

GRAMÁTICA / **GRAMÁTICA**

1. **LA EDAD / A IDADE**

Em espanhol, expressa-se a idade como em português, com o verbo *ter* + *anos*. Quando você disser sua idade no passado, como se trata de uma descrição, deve usar o verbo no imperfeito.

¿Cuántos años tienes?
Quantos anos você tem?

El nieto tiene dos años.
O neto tem dois anos.

Cuando teníamos doce años...
Quando tínhamos doze anos...

2. **DESDE** / DESDE

Em espanhol, para expressar que algo vem acontecendo a partir de um ponto determinado no tempo (Natal/ 8 da manhã/ ano passado), você pode usar **desde** com presente do indicativo.

Vivo aquí **desde** enero.
Moro aqui desde janeiro.

Hablamos español **desde** hace años.
Nós falamos espanhol há dois anos.

Soy vegetariano **desde** 2003.
Eu sou vegetariano desde 2003.

Compro aquel café **desde** entonces.
Compro aquele café desde então.

---

3. **DESDE HACE** / HÁ OU FAZ

Em espanhol, para expressar algo que vem acontecendo há determinado tempo (cinco minutos, seis séculos, toda a minha vida), é utilizado o presente do indicativo e a expressão *desde hace*. Observe que a ação começou no passado e ainda não terminou.

Lo busco **desde hace** media hora.
Eu estou procurando-o há meia hora.

Conduce así **desde hace** años.
Ele dirige assim há anos.

Necesito gafas **desde hace** seis meses.
Estou usando óculos há seis meses.

Também é possível construir a frase com uma ordem distinta:
Hace + período de tempo + **que**

Hace media hora **que** lo busco.   *Há meia hora que eu estou procurando-o.*

Hace años **que** conduce así.   *Há anos que ele dirige assim.*

Hace seis años **que** necesito gafas.   *Há seis anos que eu estou usando óculos.*

O significado não muda. Nos últimos exemplos, **desde** é omitido.

---

4. **DESDE HACÍA** / HAVIA OU FAZIA

Esta expressão é utilizada para falar de algo que vinha acontecendo por um período de tempo no passado. Em português, o mais comum é

Lição 15

o uso de **fazia**, mas também é possível o uso de **havia**, que, segundo o contexto, soa mais formal.

Estaba en México **desde hacía** un mes cuando murió.
Ele estava no México fazia um mês quando morreu.

No visitaban a sus abuelos **desde hacía** varios años.
Eles não visitavam os avós fazia vários anos.

---

5. EL FUTURO / O FUTURO

Você já conhece várias formas de expressar o que vai fazer no futuro:

Quiero…	**Tengo que…**
Eu quero…	*Eu tenho de…*
Pienso…	**Voy a…**
Eu estou pensando em…	*Eu vou…*

Todas essas formas são seguidas de infinitivo.

Quiero cenar.	**Pienso ir de vacaciones.**
Eu quero jantar.	*Eu estou pensando em sair de férias.*
Voy a preguntar algo.	**Tengo que estudiar esta tarde.**
Eu vou perguntar uma coisa.	*Eu tenho de estudar esta tarde.*

Em língua espanhola, o uso do **futuro imperfecto (compraré)** costuma representar que o falante vê a ação como um projeto, mais distante do momento atual e de sua realização, ao contrário do **futuro inmediato (voy a comprar)**, que indica que a ação é um plano já concreto. Observe que, em língua portuguesa, o uso do futuro simples (comprarei) ou da perífrase de futuro (vou comprar) indica uma mudança de registro linguístico (uso mais formal e uso mais popular, respectivamente). Veja a conjugação dos verbos no **futuro imperfecto**:

COMPRAR / COMPRAR	
Yo **compraré**	*Eu comprarei*
Tú **comprarás**	*Você comprará*
Usted, Él, Ella **comprará**	*O senhor, a senhora, ele, ela comprará*
Nosotros, nosotras **compraremos**	*Nós compraremos*
Vosotros, vosotras **compraréis**	*Vocês comprarão*
Ustedes, Ellos, Ellas **comprarán**	*Os senhores, as senhoras, eles, elas comprarão*

COMER / COMER	
Yo **comeré**	*Eu comerei*

Lição 15

Tú **comerás**	*Você comerá*
Usted, Él, Ella **comerá**	*O senhor, a senhora, ele, ela comerá*
Nosotros, nosotras **comeremos**	*Nós comeremos*
Vosotros, vosotras **comeréis**	*Vocês comerão*
Ustedes, Ellos, Ellas **comerán**	*Os senhores, as senhoras, eles, elas comerão*

VIVIR / VIVER, MORAR	
Yo **viviré**	*Eu viverei/morarei*
Tú **vivirás**	*Você viverá/morará*
Usted, Él, Ella **vivirá**	*O senhor, a senhora, ele, ela viverá/morará*
Nosotros, nosotras **viviremos**	*Nós viveremos/moraremos*
Vosotros, vosotras **viviréis**	*Vocês viverão/morarão*
Ustedes, Ellos, Ellas **vivirán**	*Os senhores, as senhoras, eles, elas viverão/morarão*

Todos os verbos usam as mesmas terminações no futuro, incluindo os seguintes, cuja raiz é irregular (diferente do infinitivo).

FUTURO	INFINITIVO	
vendré	venir	*vir*
tendré	tener	*ter*
podré	poder	*poder*
pondré	poner	*pôr*
saldré	salir	*sair*
querré	querer	*querer*
haré	hacer	*fazer*
diré	decir	*dizer*
habré	haber	*haver*
sabré	saber	*saber*

Vendré mañana.
Eu virei amanhã.

¿No tendrán que obedecer?
Eles não terão de obedecer?

Saldremos a las seis.
Sairemos às seis.

Lição 15

O futuro também é utilizado como conjectura:

¿Cuántos años tendrá?	¿No será suya?
Quantos anos ele terá?	Não será a sua?

6. EL CONDICIONAL / O CONDICIONAL

Depois de ter aprendido o futuro, vai ser fácil lembrar as terminações do condicional. Para os verbos regulares e irregulares, coloque as seguintes terminações a partir do infinitivo:

MIRAR / OLHAR

Yo miraría	Eu olharia
Tú mirarías	Você olharia
Usted, Él, Ella miraría	O senhor, a senhora, ele, ela olharia
Nosotros, nosotras miraríamos	Nós olharíamos
Vosotros, vosotras miraríais	Vocês olhariam
Ustedes, Ellos, Ellas mirarían	Os senhores, as senhoras, eles, elas olhariam

COMER / COMER

Yo comería	Eu comeria
Tú comerías	Você comeria
Usted, Él, Ella comería	O senhor, a senhora, ele, ela comeria
Nosotros, nosotras comeríamos	Nós comeríamos
Vosotros, vosotras comeríais	Vocês comeriam
Ustedes, Ellos, Ellas comerían	Os senhores, as senhoras, eles, elas comeriam

VIVIR / VIVER, MORAR

Yo viviría	Eu viveria/moraria
Tú vivirías	Você viveria/moraria
Usted, Él, Ella viviría	O senhor, a senhora, ele, ela viveria/moraria
Nosotros, nosotras viviríamos	Nós viveríamos/moraríamos
Vosotros, vosotras viviríais	Vocês viveriam/morariam
Ustedes, Ellos, Ellas vivirían	Os senhores, as senhoras, eles, elas viveriam/morariam

Lição 15

Qualquer verbo que tenha irregularidade na raiz para o futuro terá a mesma irregularidade no condicional, como:

INFINITIVO	FUTURO	CONDICIONAL	
decir	diré	diría	dizer
hacer	haré	haría	fazer
poder	podré	podría	poder

Este tempo corresponde ao futuro do pretérito do indicativo em português.

Pensaba que **sería** imposible.
Eu achava que seria impossível.

Dijo que no **vendría**.
Ele disse que não viria.

Yo no **haría** esto.
Eu não faria isso.

> Observe que:
>
> 1. Quando o condicional é usado para se fazer um pedido de maneira mais cortês, utiliza-se o verbo **poder**.
>
> ¿Podrías abrir la ventana?   *Você poderia abrir a janela?*
>
> 2. Quando o condicional é usado para indicar um hábito no passado, utiliza-se o verbo no imperfeito do indicativo.
>
> Siempre me levantaba tarde.   *Eu sempre levantava tarde.*
>
> 3. Quando o condicional é usado para expressar um conselho, utiliza-se o verbo **deber**.
>
> **Debería** ir en seguida.   *Você deveria ir logo.*
> No deberíais beber tanto.   *Vocês não deveriam beber tanto.*

7. LOS POSESIVOS / OS POSSESSIVOS

mi, mis, mío(s), mía(s)	meu, minha, meus, minhas
tu, tus, tuyo(s), tuya(s)	teu(s), tua(s)
su, sus, suyo(s), suya(s)	seu(s), sua(s)/ dele, dela
nuestro(s), nuestra(s)	nosso(s), nossa(s)
vuestro(s), vuestra(s)	seu(s), sua(s)/ de vocês
su, sus, suyo(s), suya(s)	seu(s), sua(s)/ deles, delas

Lição 15

É importante entender que, em algumas variantes do português, como no sul do Brasil, usa-se **teu(s)**, **tua(s)** para indicar a segunda pessoa **(tu)**, mas na maior parte do país essas formas são usadas no discurso informal para referir-se a **você**.

Observe que, em língua espanhola, quando os possessivos **mi(s)**, **tu(s)** e **su(s)** antecedem o substantivo, só concordam com eles em número (singular e plural) e nunca vão acompanhados de artigos. Quando estão em função de pronome (**mío(s)**, **mía(s)**, **tuyo(s)**, **tuya(s)**, **suyo(s)**, **suya(s)**), devem ser colocados após o substantivo e concordam com ele em gênero (feminino e masculino) e número (singular e plural):

Mi marido y **mis** hijos están esperando.
O meu marido e os meus filhos estão esperando.

Ana es **mi** amiga.
Ana é minha amiga.

¿Estos son **tus** coches?
Estes são os seus carros?

¿Esta casa es **tuya**?
Esta casa é sua.

¿Estos libros son **suyos**?
Estes livros são seus.

Os possessivos **nuestro(s)**, **nuestra(s)**, **vuestro(s)** e **vuestra(s)** concordam sempre em gênero e número com o substantivo que acompanham, independente de sua posição e função na frase (adjetivo ou pronome):

¿Esta es **vuestra** casa?
Esta é a casa de vocês?

¿Esta casa es **vuestra**?
Esta casa é de vocês?

¿Estos son **vuestros** coches?
Estes são os carros de vocês?

¿Estos coches son **vuestros**?
Estes carros são de vocês?

Em função de pronomes, os possessivos também são usados em algumas expressões como:

¡Dios **mío**!
Meu Deus!

Este coche **mío**...
Esse meu carro...

Aquellos amigos **suyos**...
Aqueles amigos deles...

Ao colocar **el**, **la**, **los**, **las** antes de um pronome possessivo, você estará fazendo referência direta a um substantivo já mencionado no discurso:

¿Este es **su** boleto o el **mío**?
Es **suyo**.
Essa é sua passagem ou a minha?
É sua.

¿Cuál te gusta más: **su** coche o el **mío**?
De qual você gosta mais: do carro dele ou do meu?

He olvidado **mis** llaves y las **tuyas**.
Eu me esqueci das minhas chaves e das suas.

Observe que:
1. Em geral, o artigo definido é omitido quando o pronome vem acompanhado do verbo **ser**.

2. Como **suyo** e **suya** podem ser ambíguos, também podem ser substituídos por **de él**, **de ella**, **de usted**, **de ellos** etc.

¿Es de él? No. Es de ella.
É dele? *Não. É dela.*

VOCABULARIO / VOCABULÁRIO

el viajero, la viajera: o viajante, a viajante
Oficina de Objetos Perdidos: Setor de Achados e Perdidos
información: informação
el lugar: o lugar
la pesadilla: o pesadelo
las gafas: óculos
en su lugar: se eu fosse você, o senhor, a senhora etc.
hace: há, faz
desde: desde (+ momento no tempo)
desde hace: há, faz
darse cuenta de: perceber
regalar: dar de presente
tener X años: ter X anos
mío, mía: meu, minha
suyo, suya: seu, sua
¡Qué suerte!: Que sorte!
de todas formas: de todas as formas, de qualquer forma, mesmo assim

EJERCICIOS / EXERCÍCIOS

Exercício A

Responda às perguntas usando informações do diálogo que introduz esta lição.

1. ¿Qué quería saber el viajero? _____

2. ¿Cómo era la maleta? _____

3. ¿Hacía mucho tiempo que la buscaba? _____

4. ¿Dónde cree la señorita que el viajero encontrará la maleta?

Lição 15

5. ¿A qué hora había salido el viajero? _____
_____

6. En su lugar, ¿qué haría la señorita? _____
_____

Exercício B

Reescreva as orações abaixo, mudando o verbo para o futuro simples.

Ex.:
Puedo sacar las entradas.
Podré sacar las entradas.

1. El día de Navidad me dan una botella de vino.
_____
_____

2. ¿Te levantas temprano? _____
_____

3. José recibe a sus sobrinos en la estación. _____
_____

4. El programa comienza a las diez. _____
_____

5. Abrimos la puerta a las dos. _____
_____

6. Vosotros tenéis que llamar más tarde. _____
_____

7. Estas cartas son para su padre. _____
_____

8. El martes no hago nada. _____
_____

Exercício C

Reescreva as seguintes orações com o sujeito indicado em negrito.

Ex.:
Cenaremos a las once. **Él**
Cenará a las once.

1. Mañana estaremos en Nueva York. **Yo**
_____
_____

Lição 15

Exercício C

2. En abril visitaré a mi hermano. **Tú** _____

3. ¿Ustedes vendrán a casa ahora? **Ellas** _____

4. Me quedaré en el campo. **Nosotros** _____

5. Tendré que hacer algo importante. **Ella** _____

6. Sabrás la hora del avión. **Ellos** _____

7. ¿Podrán venir? **Nosotras** _____

8. Vosotros diréis que es verdad. **Nosotros** _____

Exercício D

Reescreva as orações mudando o primeiro verbo para o indefinido e o segundo para o condicional.

Ex.:
Dice que llegará mañana.
Dijo que llegaría mañana.

1. Cree que hará mucho frío en abril. _____

2. Les explico que no podré venir. _____

3. Me preguntan por qué no estará en casa. _____

4. Vosotros queréis saber a qué hora cerrarán las puertas.
_____

Lição 15

5. Dices que no volverás tarde. _____
   _____

6. Les pregunto si saldrán. _____
   _____

7. Elena quiere saber cuándo terminará la clase. _____
   _____

8. Creo que no tendréis suerte. _____
   _____

Exercício E

Traduza as orações para o espanhol, utilizando as expressões *desde hace/Hace*.

Ex.:
Eles estudam há um mês.
Estudian desde hace un mes.
Hace un mes que estudian.

1. Faz dez minutos que está chovendo. _____
   _____

2. Nós moramos aqui há oito anos. _____
   _____

3. Quanto tempo faz que vocês estudam espanhol? _____
   _____

4. Ele não está trabalhando há cinco anos. _____
   _____

5. Faz uma hora que ele está esperando. _____
   _____

Visite <http://www.berlitzpublishing.com> para atividades extras na internet – vá à seção de downloads e conecte-se com o mundo em espanhol!

Lição

16 REVISÃO: LIÇÕES 13-15

LEA Y ESCUCHE LOS DIÁLOGOS DE LAS UNIDADES 13-15 PARA PRACTICAR LA PRONUNCIACIÓN Y EL VOCABULARIO APRENDIDO.

Diálogo 13

Un turista está paseando por las calles de Santiago y le pregunta a un policía cómo llegar a varios sitios.

Turista **Perdone, señor… Quisiera ir al museo. ¿Dónde está, por favor?**

Policía **¿El museo?**

Turista **Lo he buscado por todas partes pero no lo he encontrado.**

Policía **Pues sí, ahora me acuerdo. ¿Usted ha subido por allí, verdad? Bueno, ha pasado muy cerca. Está más cerca que el Hotel Carmona.**

Turista **No puede ser…**

Policía	Tiene que bajar esta calle hasta la fuente y doblar a la derecha. Después del semáforo, va a pasar delante del hospital y tomar la primera a la izquierda. Usted sigue todo recto y allí al fondo está, enfrente, a unos 50 metros. Está muy cerquita.
Turista	Pero he pasado por allí sin verlo.
Policía	Eso dicen muchos. Está a cinco minutos a pie.
Turista	¿Y para ir después al Jardín Botánico?
Policía	Eso es más complicado.
Turista	¿Tengo que ir en taxi?
Policía	No. Puede ir a pie. No es que esté tan lejos, sino que es menos fácil de encontrar.
Turista	Jamás he visitado el Jardín Botánico y tengo muchas ganas de ir.
Policía	Vamos a ver. Al salir del museo debe tomar la tercera a la derecha hacia el centro, seguir hacia abajo hasta el cruce, cruzar y luego tomar la segunda a la derecha entre el cine y el bar, y después de pasar el puente va a ver un parque detrás del colegio. Éste es el Jardín Botánico.
Turista	¡Perfecto! Pero todavía no he sacado las entradas.
Policía	Eso se puede hacer allí mismo. Lo único es que hay que hacer cola.
Turista	Muchas gracias, señor. ¡Adiós!
Policía	¡Adiós! De nada.

Diálogo 14

Esta tarde David y Anita han ido a casa del señor Martínez. Ahora los tres están sentados en la sala de estar. El señor Martínez está sirviendo café.

Señor Martínez	¿Más café, Anita?
Anita	Pues sí, gracias, solo y sin azúcar.
Señor Martínez	¿Y usted, David? ¿Le sirvo un poco más?
David	Para mí no, gracias. No me gusta tanto el café. Prefiero el vino.

Lição 16

Señor Martínez   Usted es como mi mujer. No le gusta el café... ni el té. Desgraciadamente el vino no es muy bueno para la salud.

David   El café y el té contienen cafeína. El vino no la tiene.

Señor Martínez   Basta de tonterías. Anita, ha estado en España. Qué tal mi familia?

Anita   Bueno, pasé prácticamente todo el tiempo en Sevilla, donde conocí a su primo Alberto, cuyos amigos también eran muy simpáticos.

Señor Martínez   ¿Antes de irse no había dicho que iba a visitar Madrid?

Anita   Claro, después de visitar Sevilla fui allí, y los padres de Pablo me invitaron a cenar.

Señor Martínez   Nos han escrito. Nos han contado que estuvo allí y que sacó muchas fotos. ¿Ha traído las fotos hoy?

Anita   A ver... pensaba que las había puesto en el bolso... aquí están.

Señor Martínez   ¿Nadie quiere más café? ¿Seguro?

David   ¡Qué hermoso es esto! ¿Es Sevilla?

Señor Martínez   David, ¿no conoce el refrán "quien no ha visto Sevilla, no ha visto maravilla"?

David   ¡Qué interesante! Antes de la Expo 92 no había oído hablar de Sevilla.

Anita   Y aquí, unas fotos de su familia, aunque francamente no son muy buenas. No sé si les gusta mirar tantas fotos.

Señor Martínez   ¡Qué cosa! David, estas dos señoritas que ve aquí... ¡qué guapas son! Son las dos niñas de cinco y ocho años que están allí en aquel cuadro... que es de hace doce años.

Anita   Y aquí... los padres y los tíos de Pablo.

Señor Martínez   Mis padres, o sea, los abuelos de las dos niñas.

Anita   No hay que olvidar a su sobrino... y esta será su novia.

Señor Martínez   ¡No me diga! ¿Tiene novia?

Anita   Desde luego. Y piensan casarse. Están buscando un apartamento y todo.

Señor Martínez   Y aquí, ¿qué están haciendo?

Anita	No me acuerdo exactamente.
David	¿No están leyendo el periódico? Él está mirando el anuncio y ella está explicando algo.
Anita	Y la casa de su hermano. ¿No ve qué bonita es?
Señor Martínez	El comedor... esta es la cocina... el cuarto de estar... uno de los dormitorios... la escalera...
Anita	Y finalmente el jardín... y un garaje inmenso.
Señor Martínez	Le había dicho que quería ver unas fotos...pero realmente ha sido magnífico. Muchas gracias.

Diálogo 15

Un viajero ha perdido su maleta en la estación. Entonces, ve a una señorita y le pregunta por ella.

Viajero	Por favor, señorita, ¿ha visto por aquí una pequeña maleta gris y roja? La dejé aquí.
Señorita	¿Aquí? No, señor.
Viajero	He perdido mi maleta. La estoy buscando desde hace media hora.
Señorita	¡Tal vez la encontrará! ¿Estará en la Oficina de Objetos Perdidos?
Viajero	No lo sé. ¿Qué haré sin todas aquellas cosas? Mis padres me regalaron esa maleta cuando tenía trece años. No podré ir de vacaciones. Será imposible.
Señorita	¿Dónde fue con la maleta? ¿Se acuerda?
Viajero	¡Yo qué sé! Salí esta mañana a las ocho. Vine a la estación. Fui al banco allí enfrente. Puse la maleta allí. Hice cola para cambiar dinero.
Señorita	¿Cuándo se dio cuenta de que no tenía la maleta?
Viajero	Hace media hora, al llegar a Información.
Señorita	¿Y la busca desde hace media hora?
Viajero	Exacto... eso es.
Señorita	Bueno, yo en su lugar iría a la Oficina de Objetos Perdidos.
Viajero	¡Qué pesadilla! No podré ir a Tokio. No llegaré al aeropuerto a tiempo. Tendré que quedarme aquí.

Lição 16

Señorita	Bueno... yo en su lugar preguntaría allí si tienen la maleta.
Viajero	Gracias. Usted es muy amable.
Señorita	Oiga, ¿no ve aquella maleta gris y roja? ¿No será la suya?
Viajero	No veo nada. ¿Dónde?
Señorita	Allí, al fondo, hay muchas maletas todas juntas.
Viajero	No puede ser. La mía estaba conmigo y de todas formas yo no estaba allí al fondo tampoco.
Señorita	¿No será la suya... gris y roja? ¿Con aquel grupo de turistas?
Viajero	Iré a ver. Volveré en seguida.

Dos minutos después...

Viajero	¡Qué suerte! Es la mía, pero los turistas habían pensado que era suya. Iré en seguida al aeropuerto. Tal vez llegue a tiempo. Muchas gracias, señorita, adiós.
Señorita	De nada. Adiós. ¡Buen viaje!

EJERCICIOS / EXERCÍCIOS

Exercício A

Escolha a opção mais apropriada para completar cada oração.

Ex.:
¿Dónde **está**, por favor? (hay/es/está)

1. Correos no está cerca. Está _____. (lejos/enfrente/a la izquierda)

2. ¿_____ que ir en taxi? (voy/puedo/tengo)

3. Queremos ir _____ pie. (de/con/a)

4. Al _____, el museo está enfrente. (salir/sale/saliendo)

5. Ayer _____ al teatro. (iré/fui/he ido)

6. _____ no has cenado todavía. (yo/tú/nosotros)

7. _____ habéis ido nunca a California. (jamás/vosotros/no)

8. No han _____ venir. (podido/puesto/que)

9. La pensión está cerca _____ parque. (de/del/al)

Lição 16

10. Es el mejor café _____ mundo. (en el/de la/del)
11. Yo _____ cenar ahora. (pude/quise/quiero)
12. Usted y yo _____ mañana. (salgo/salimos/saldremos)
13. _____ sol en mayo. (hace/hay/está)
14. Mi hermano _____ veinte años. (es/tiene/hace)

Exercício B

Responda negativamente às perguntas abaixo.

Ex.:
¿Va allí mucho?
No, no voy allí mucho.

¿Invitaremos a alguien?
No, no invitaremos a nadie.

1. ¿Has podido sacar las entradas? _____

2. ¿Mira algo? _____

3. ¿Alguien quiere ayudarme? _____

4. ¿Tienen alguna idea del problema? _____

5. ¿Siempre pasa esto? _____

Exercício C

Reescreva as frases usando o pretérito perfecto.

Ex.:
Ellos llegan al aeropuerto a tiempo.
Ellos **han llegado** al aeropuerto a tiempo.

1. ¿Qué dice usted? _____
2. No puedo olvidarlo. _____
3. Os levantáis a las siete. _____
4. Bebemos todo el vino. _____

Lição 16

5. No llama nadie. _____

6. ¿Usted viene en coche? _____

Exercício D

Reescreva as orações substituindo as palavras sublinhadas pelo adjetivo possessivo apropriado.

Ex.:
¿Han olvidado nuestro dinero?
¿Han olvidado **el nuestro**?

1. ¿Estoy bebiendo su café? _____
2. Vamos a vender nuestra casa. _____
3. ¿Ha oído mis discos? _____
4. Dejamos vuestras maletas en el hotel. _____
5. ¿Es éste su pasaporte? _____
6. Has perdido tus llaves. _____

Exercício E

Reescreva as orações seguintes em espanhol, usando os adjetivos comparativos ou superlativos apropriados.

1. O teatro é mais interessante do que o cinema.

   _____
   _____

2. Este é o melhor vinho do mundo. _____
   _____

3. Meu irmão mais velho é mais alto. _____
   _____

4. Ele dirige mais rápido do que eu. _____
   _____

5. Você é o pior aluno da escola. _____
   _____

Lição 16

Exercício F

Reescreva as frases usando o gerúndio.

Ex.:
Ella escribe mucho. (ahora)
Ella **está escribiendo** mucho ahora.

1. Mi prima viaja mucho. (este mes) _____

2. La secretaria habla francés. (ahora mismo) _____

3. El agente ayuda a muchas personas. (hoy) _____

4. Los italianos compran muchos helados. (este verano)

5. Vuestros sobrinos leen libros interesantes. (hoy mismo)

Exercício G

Responda cada pergunta utilizando as expressões de tempo entre parênteses.

Ex.:
¿Cuánto tiempo hace que usted vive aquí? (un año)
Vivo aquí **desde hace un año.**
Hace un año que vivo aquí.

1. ¿Cuánto tiempo hace que habla usted español? (seis semanas) _____

2. ¿Desde cuándo sabes usar el ordenador? (un mes)

3. ¿Desde cuándo compran ellos café descafeinado? (año y medio) _____

4. ¿Desde cuándo estaba enfermo Antonio? (varios años)

Lição 17

¿QUÉ ME PASA?
O QUE ESTÁ ACONTECENDO COMIGO?

Mucha gente está enferma. Casi todos tienen gripe. Don Ignacio es médico y en la sala de espera de su consulta vemos a Anita. Anita está muy cansada. David también quiere ver a Don Ignacio. Le duele la cabeza y no tiene ganas de comer, ni mucho menos de estudiar.

Muita gente está doente. Quase todos estão com gripe. O Sr. Ignacio é médico e na sala de espera de seu consultório vemos Anita. Anita está muito cansada. David também quer ver o Dr. Ignacio. Ele está com dor de cabeça e não sente vontade de comer e, muito menos, de estudar.

Don Ignacio	**Buenos días. ¿Cómo está?** *Bom dia, como vai?*
Anita	**Estoy fatal. No puedo hacer nada... absolutamente nada...** *Estou muito mal. Não consigo fazer nada... absolutamente nada...*
Don Ignacio	**Tiéndase sobre la cama. ¿Qué le duele? Le voy a hacer un reconocimiento.** *Deite-se na cama. O que está doendo? Vou examinar a senhorita.*

Anita	Me duele la cabeza, me duele el vientre, me duele la espalda, me duele la garganta, me duelen los oídos... *Estão doendo a minha cabeça, a minha barriga, as minhas costas, a minha garganta, os meus ouvidos...*
Don Ignacio	¿Tiene fiebre? *Está com febre?*
Anita	Pues no lo sé. No puedo trabajar y tengo tanto que hacer. No puedo hacer nada y si yo no estoy allí, nadie hace nada. *Eu não sei. Não consigo trabalhar e tenho que fazer tanta coisa. Não posso fazer nada e, se eu não estiver lá no trabalho, ninguém faz nada.*
Don Ignacio	Tranquilícese, Anita, está muy estresada. *Tranquilize-se, dona Anita, a senhorita está muito estressada.*
Anita	¡Pero tengo mucho trabajo! *Mas tenho muito trabalho!*
Don Ignacio	Vuelva a casa. Lea un libro. Descanse. Coma mucha fruta y carne, muchas proteínas y vitaminas. No beba alcohol. No piense en el trabajo. Acuéstese temprano y levántese tarde. *Volte para casa. Leia um livro. Descanse. Coma muita fruta e carne, muitas proteínas e vitaminas. Não beba álcool. Não pense no trabalho. Vá dormir cedo e levante-se tarde.*
Anita	Pero me duele todo. ¿No me da medicinas? *Mas está doendo tudo. Não vai me receitar remédios?*
Don Ignacio	Es cuestión de estrés, nada más. Siga usted mis consejos. Vuelva en ocho días. ¿Está bien? *O problema é estresse, nada mais. Siga minhas recomendações. Volte em oito dias. Tudo bem?*

El siguiente paciente entra en la oficina del doctor...
O próximo paciente entra no consultório do doutor...

Don Ignacio	Hola, David, ¿cómo estás? *Oi, David, como você se sente?*
David	Fatal. Es la primera vez que estoy así. ¿Qué me pasa? *Muito mal. É a primeira vez que estou assim. O que está acontecendo comigo?*
Don Ignacio	Tiéndete sobre la cama. Te voy hacer un reconocimiento. ¿Te duele aquí? *Deite-se na cama. Vou examiná-lo. Está doendo aqui?*

Lição 17

David   **Mucho. Muchísimo.**
Muito. Muitíssimo.

Don Ignacio   **¿Te duele aquí?**
Está doendo aqui?

David   **Ahí también. Me duelen los ojos, me duele el vientre, me duelen las piernas, la espalda. Tengo fiebre.**
Aí também. Minhas vistas estão doendo, minha barriga está doendo, as pernas, as costas. Estou com febre.

Don Ignacio   **No es el primer caso que veo. Es una enfermedad bastante común entre estudiantes.**
Não é o primeiro caso que vejo. É uma doença bastante comum entre os estudantes.

David   **¿Me voy a morir? ¿Será apendicitis?**
Vou morrer? Será apendicite?

Don Ignacio   **Espera, déjame hablar.**
Espere, deixe-me falar.

David   **¿Será necesario ir de vacaciones?**
Será necessário tirar férias?

Don Ignacio   **En absoluto. Es una enfermedad muy común cuando hay exámenes.**
De forma nenhuma. É uma doença muito comum quando há provas finais.

David   **¿Será fiebre glandular?**
Será febre glandular?

Don Ignacio   **No, ni fiebre glandular, ni apendicitis. Es que tienes miedo a los exámenes, David. Toma mucho líquido, trata de descansar, acuéstate temprano y toma vitaminas. No salgas de noche, ni vayas a fiestas.**
Não, nem febre glandular, nem apendicite. O que você tem é medo das provas finais, David. Tome muito líquido, tente descansar, vá dormir cedo e tome vitaminas. Não saia à noite, nem vá a festas.

David   **Bueno, trataré de seguir sus consejos.**
Ok! Tentarei seguir os seus conselhos.

Don Ignacio   **Sobre todo, no tomes alcohol. ¿De acuerdo?**
Principalmente, não beba álcool. Tudo bem?

GRAMÁTICA / GRAMÁTICA

1. TÚ; USTED; VOSOTROS, VOSOTRAS; USTEDES / VOCÊ; O SENHOR, A SENHORA; VOCÊS, OS SENHORES, AS SENHORAS

Conforme comentado em lições anteriores, **tú** e **vosotros** são usados no discurso informal e significam "você" e "vocês", enquanto **usted** e **ustedes** são usados no discurso formal e significam "o senhor", "a senhora" e "a senhorita", e "os senhores", "as senhoras" e "as senhoritas". Vale lembrar, como também já comentado, que em algumas regiões da América Latina e, inclusive, da Espanha, usa-se o **vos** no lugar do **tú**, bem como em praticamente toda a América Latina usa-se o **ustedes** em lugar do **vosotros**, tanto para indicar informalidade quanto para expressar formalidade. Além disso, recordemos que, em muitos lugares do Brasil, usa-se o "tu" para indicar a segunda pessoa do singular no lugar de "você". No entanto, como indicado na introdução deste livro, usamos como parâmetro as variantes de espanhol utilizadas sobretudo no centro da Espanha, e as de português, na cidade de São Paulo. Portanto, durante todo o livro, apresentamos o contraste entre o uso de **tú**, **usted** e **vosotros**, **ustedes**, bem como entre "você" e "o(s) senhor(es), a(s) senhora(s), a(s) senhorita(s)". Outro aspecto importante que vale ressaltar é que, em língua espanhola, costuma-se omitir os pronomes pessoais nas frases, principalmente os que indicam informalidade. Quanto aos que indicam formalidade, é comum expressá-los não só para reforçar o registro formal, mas também para evitar ambiguidade com os demais pronomes que também ocupam o lugar de terceiras pessoas (**él**, **ella**, **ellos**, **ellas**). Assim, é importante saber bem a conjugação dos verbos e observar as diferenças morfológicas destes em segundas e terceiras pessoas. Observe os parâmetros apresentados abaixo:

Presente de indicativo	COMPRAR	BEBER	VIVIR
Tú	Compras	Bebes	Vives
Usted	Compra	Bebe	Vive
Vosotros, vosotras	Compráis	Bebéis	Vivís
Ustedes	Compran	Beben	Viven

Pretérito perfecto compuesto de indicativo	COMPRAR	BEBER	VIVIR
Tú	Has comprado	Has bebido	Has vivido
Usted	Ha comprado	Ha bebido	Ha vivido
Vosotros, vosotras	Habéis comprado	Habéis bebido	Habéis vivido
Ustedes	Han comprado	Han bebido	Han vivido

Lição 17

Pretérito indefinido de indicativo	COMPRAR	BEBER	VIVIR
Tú	Compraste	Bebiste	Viviste
Usted	Compró	Bebió	Vivió
Vosotros, vosotras	Comprasteis	Bebisteis	Vivisteis
Ustedes	Compraron	Bebieron	Vivieron

Pretérito imperfecto de indicativo	COMPRAR	BEBER	VIVIR
Tú	Comprabas	Bebías	Vivías
Usted	Compraba	Bebía	Vivía
Vosotros, vosotras	Comprabais	Bebíamos	Vivíamos
Ustedes	Compraban	Bebían	Vivían

Pretérito pluscuamperfecto de indicativo	COMPRAR	BEBER	VIVIR
Tú	Habías comprado	Habías bebido	Habías vivido
Usted	Había comprado	Había bebido	Había vivido
Vosotros, vosotras	Habíais comprado	Habíais bebido	Habíais vivido
Ustedes	Habían comprado	Habían bebido	Habían vivido

Futuro imperfecto de indicativo	COMPRAR	BEBER	VIVIR
Tú	Comprarás	Beberás	Vivirás
Usted	Comprará	Beberá	Vivirá
Vosotros, vosotras	Compraréis	Beberéis	Viviréis
Ustedes	Comprarán	Beberán	Vivirán

Condicional	COMPRAR	BEBER	VIVIR
Tú	Comprarías	Beberías	Vivirías
Usted	Compraría	Bebería	Viviría
Vosotros, vosotras	Compraríais	Beberíais	Viviríais
Ustedes	Comprarían	Beberían	Vivirían

Além do paradigma verbal, observe outras características de **tú** e **vosotros, vosotras**, que têm seus próprios adjetivos e pronomes possessivos:

Adjetivos

Os adjetivos possessivos são usados para falar do substantivo possuído. **Tu(s)** significa literalmente "teu(s), tua(s)", mas na variante paulistana se

Lição 17

refere a "seu(s), sua(s)". Observe que, além de expressar a informalidade, refere-se a alguém no singular. Tem plural, mas não tem feminino e acompanha sempre o substantivo.

tu casa y **tus** cosas
sua casa e suas coisas.

Vuestro(s), vuestra(s) significa "seu(s), sua(s)". Observe que, além de expressar a informalidade, refere-se a várias pessoas. Tem plural e feminino.

vuestra casa y **vuestras** cosas
sua casa e suas coisas

Os possessivos adjetivos também podem ser colocados após o substantivo, o que confere à frase um tom diferente:

este coche **tuyo** – *este seu carro*

estos coches **vuestros** – *estes seus carros*

Pronomes

Os pronomes possessivos substituem o nome, que em geral já foi mencionado anteriormente no discurso.

El mío no está bien, busca **el tuyo**.
O meu não está bem, procure o seu.

No me gusta **la mía,** sino **la vuestra**. (Referindo-se a um objeto feminino)
Não gosto da minha, mas da sua.

De los dos libros prefiero **el tuyo**.
Dos dois livros, eu prefiro o seu.

---

2. COMPLEMENTOS DIRECTO E INDIRECTO Y PRONOMBRES REFLEXIVOS / COMPLEMENTOS DIRETO E INDIRETO E PRONOMES REFLEXIVOS

Os pronomes complementos (direto e indireto) para **tú** e **vosotros, vosotras** são iguais aos pronomes reflexivos. Essa dica é muito útil quando se trata das segundas pessoas (singular e plural), mas lembre-se de que você vai precisar utilizar o complemento direto ou indireto apropriado ou os pronomes reflexivos quando quiser construir frases com as demais pessoas.

Complementos diretos:

Te invito.
Eu convido você. (singular)

Os invito.
Eu convido você. (plural)

Te miramos.
Nós olhamos você. (singular)

Complementos indiretos:

Os miramos.
Nós olhamos vocês (plural).

¿**Te** duele?
Dói? (singular)?

¿**Os** gusta?
Vocês gostam? (plural).

189

Lição 17

Nos exemplos anteriores, o sujeito e o objeto são claramente pessoas diferentes: eu convido você etc., ao contrário dos pronomes reflexivos, que indicam que a ação incide sobre o próprio sujeito. Veja os exemplos:

Reflexivos:

Te levantas.
Você se levanta.

Os laváis.
Vocês se lavam.

Te llamas Miguel.
Você se chama Miguel.

Os despertáis.
Vocês acordam.

Observe que esses verbos deixam de ser reflexivos se forem conjugados com uma pessoa diferente:

Me llaman Rosa.
Eles me chamam de Rosa.

Despierto al bebé.
Eu acordo o bebê.

---

3. ME DUELE LA CABEÇA / A MINHA CABEÇA ESTÁ DOENDO

Doler, que é um verbo irregular no presente (**duele**), usa a mesma construção do verbo **gustar**. Os complementos indiretos utilizados com esses verbos são:

me	nos
te	os
le	les

Veja alguns exemplos:

¿Te duele, mamá?
Está doendo, mãe?

Le duele el vientre.
Está doendo a barriga dele/dela.

Veja que o artigo definido é utilizado em espanhol assim como em português. Esse uso acontece com partes do corpo e também com a roupa.

Tiene **la** camisa sucia.
A camisa dele está suja.

Cuidado para não confundir o pronome reflexivo com o complemento indireto:

Se lavó las manos.
Ele lavou as mãos.

Su madre le lavó las manos.
A mãe lavou as mãos dele.

---

4. EL IMPERATIVO II / O IMPERATIVO II

Na Lição 5, você aprendeu o imperativo afirmativo. Você já viu que esse modo verbal é formado a partir das irregularidades do presente e suas devidas terminações, segundo a pessoa do verbo. Vamos ver agora como se forma o imperativo negativo, que é estruturado como o presente do subjuntivo, que será estudado com detalhe na Lição 18.

A regra geral é:

Os verbos de primeira conjugação (terminados em **-ar**), no imperativo negativo, são conjugados em **-e** e possuem desinências que indicam número e pessoa:

HABLAR
No hables (tú)
No hable (usted)
No hablemos (nosotros, nosotras)
No habléis (vosotros, vosotras)
No hablen (ustedes)

Os verbos de segunda e terceira conjugações (terminados em **-er**, **-ir**), no imperativo negativo, são conjugados em **-a** e possuem desinências que indicam número e pessoa:

COMER	**ESCRIBIR**
No comas (tú)	No escribas (tú)
No coma (usted)	No escriba (usted)
No comamos (nosotros, nosotras)	No escribamos (nosotros, nosotras)
No comáis (vosotros, vosotras)	No escribáis (vosotros, vosotras)
No coman (ustedes)	No escriban (ustedes)

Observe que, no imperativo afirmativo, **tú** e **vosotros, vosotras** seguiam um padrão diferente de formação das demais pessoas. Já no imperativo negativo, seguem a mesma conjugação das demais pessoas, alterando somente as desinências de número e pessoa.

habla	come	escribe

Observe também que os verbos que têm irregularidades de ditongo no presente do indicativo vão mantê-las no imperativo negativo, exceto em **nosotros** e **vosotros**:

contar *(contar)*	**No cuentes estas historias. / No contemos estas historias.** *Não conte estas histórias. / Não contemos estas histórias.*
comenzar *(começar)*	**No comience antes de los demás. / No comencéis antes de los demás.** *Não comece antes dos demais. / Não comecem antes dos demais.*
volver *(voltar)*	**No vuelvan a decir estas cosas. / No volváis a decir estas cosas.** *Não voltem a dizer estas coisas. / Não voltem a dizer estas coisas.*

Os verbos que possuem outros tipos de irregularidades no presente do indicativo, sempre pegando como modelo a primeira pessoa do singular, vão mantê-las em todas as pessoas, inclusive em **nosotros** e **vosotros**:

Lição 17

pedir *(pedir)*	**No me pidas nada. / No les pidamos nada.** *Não me peça nada. / Não peçamos nada a eles.*
construir *(construir)*	**No construya la casa así. / No construyáis la casa así.** *Não construa a casa assim. / Não construam a casa assim.*
permanecer *(permanecer)*	**No permanezca en aquella ciudad. / No permanezcan en aquella ciudad.** *Não permaneça naquela cidade. / Não permaneçam naquela cidade.*

Observe que os verbos que possuem irregularidades próprias no presente do indicativo, principalmente os que em primeira pessoa do singular são conjugados em **-go**, têm uma forma reduzida no imperativo afirmativo em **tú** e a forma completa em **usted**. Já no imperativo negativo apresentam a irregularidade a todas as pessoas:

VERBO EM PRIMEIRA PESSOA DO PRESENTE DO INDICATIVO (YO)	IMPERATIVO AFIRMATIVO	IMPERATIVO NEGATIVO
poner = pongo *(por = ponho)*	Pon Ponga Pongamos Poned Pongan	No pongas No ponga No pongamos No pongáis No pongan
decir = digo *(dizer = digo)*	Di Diga Digamos Decid Digan	No digas No diga No digamos No digáis No digan
tener = tengo *(ter = tenho)*	Ten Tenga Tengamos Tened Tengan	No tengas No tenga No tengamos No tengáis No tengan
hacer = hago *(fazer = faço)*	Haz Haga Hagamos Haced Hagan	No hagas No haga No hagamos No hagáis No hagan
salir = salgo *(sair = saio)*	Sal Salga Salgamos Salid Salgan	No salgas No salga No salgamos No salgáis No salgan
venir = vengo *(vir = venho)*	Ven Venga Vengamos Venid Vengan	No vengas No venga No vengamos No vengáis No vengan

Lição 17

Ten cuidado.
Tenha cuidado.

No venga aquí.
Não venha aqui.

No salgáis tan temprano.
Não saiam tão cedo.

Digamos la verdad siempre.
Digamos a verdade sempre.

Observe que o **vosotros** no imperativo afirmativo, como já comentado na lição 5, é formado tirando o **-r** da forma infinitiva do verbo e acrescentando em seu lugar o **-d**. Já na forma negativa, deve ser conjugado como os demais verbos, alterando apenas os morfemas de número e pessoa.

hablar	comenzar	comer	poner	escribir	salir
habla**d**	comenza**d**	come**d**	pone**d**	escribi**d**	sali**d**

Sed buenos.
Sejam bons.

Venid mañana.
Venham amanhã.

No hagáis esto de esta manera.
Não falem isso desta maneira.

---

5. **NI... NI... / NEM... NEM...**

Se **ni... ni** aparecer depois do verbo, deve ser precedido por **no**. Veja os seguintes exemplos:

Ni Juan ni José vendrán.
No vendrán ni Juan ni José.
Nem o Juan nem o José virão.
Não virão nem o Juan nem o José.

Ni Francia ni Portugal producen petróleo.
No producen petróleo ni Francia ni Portugal.
Nem a França nem Portugal produzem petróleo.
Não produzem petróleo nem a França nem Portugal.

Lição 17

VOCABULARIO / VOCABULÁRIO

la consulta: a consultório
el médico, la médica: o médico, a médica
la gripe: a gripe
la sala de espera: a sala de espera
la cuestión: a questão
el estrés: o estresse
fatal: terrível, péssimo
la cabeza: a cabeça
el vientre: a barriga, o abdome
la espalda: as costas
la garganta: a garganta
los oídos: os ouvidos
la fiebre: a febre
el caso: o caso
la medicina: o remédio
el consejo: o conselho
la proteína: a proteína
la vitamina: a vitamina
el alcohol: o álcool
la fruta: a fruta
la carne: a carne
doler: doer
Me duele la mano: Minha mão está doendo
acostarse: deitar-se
ni mucho menos: nem muito menos
o sea…: ou seja
así: assim
la enfermedad: a doença
la apendicitis: o apendicite
prepararse: preparar-se
el examen: o exame
el monedero: porta-moedas
prudente: prudente
el bebé: o bebê
sucio, sucia: sujo, suja
el petróleo: o petróleo
morir: morrer
el reconocimiento: exame médico
la pierna: a perna
la fiebre glandular: a febre glandular
la cama: a cama

Lição 17

EJERCICIOS / EXERCÍCIOS

Responda às perguntas usando informações do diálogo que introduz esta lição.

Exercício A

1. ¿Por qué está en la consulta Don Ignacio? _____

2. ¿Quiénes son las otras personas que están allí?

3. ¿Qué le duele a Anita?

4. ¿Cuáles son los consejos de Don Ignacio? _____

5. ¿Don Ignacio le da medicina? _____

6. ¿Qué enfermedad tiene Anita? _____

7. ¿Qué grupo de personas tiene la enfermedad de David?

8. Don Ignacio dice que hay una cosa que David no debe hacer. ¿Cuáles son sus palabras exactas? _____

Lição 17

Exercício B

Reescreva as expressões com o imperativo apropriado de **tú** e **vosotros**. Siga o modelo.

Ex.:
(Comprar) _____ vitaminas.
Compra vitaminas.
Comprad vitaminas.

(Comer) _____ mucha fruta.

Come mucha fruta.
Comed mucha fruta.

1. (Tomar) _____ mucho líquido.
2. (Beber) _____ vino.
3. (Descansar) _____ en casa.
4. (Llegar) _____ temprano.
5. (Salir) _____ ahora mismo.
6. (Venir) _____ conmigo.

Exercício C

Contradiga cada uma das afirmações seguindo o modelo.

Ex.:
Invita a Lola.
No invites a Lola.

1. Toma mucho vino.
   No _____.
2. Fuma estos cigarrillos.
   No _____.
3. Habla español.
   No _____.
4. Mira el periódico.
   No _____.
5. Contesta ahora.
   No _____.
6. Llega a las seis.
   No _____.

Exercício D

Reescreva as orações utilizando os possessivos conforme o modelo.

Ex.:
Yo tengo mi mapa y él tiene su mapa.
Yo tengo **el mío** y él tiene **el suyo**.

1. Tú pagas tu café y ellos compran su café.
   _____

2. Buscamos nuestras llaves y tú buscas tus llaves.
   _____

3. Yo escribo a mi familia y vosotros escribís a vuestra familia.
   _____

4. El invita a sus amigos y ella invita a sus amigas.
   _____

5. Leo mis libros y ustedes leen sus libros.
   _____

> Visite <http://www.berlitzpublishing.com> para atividades extras na internet – vá à seção de downloads e conecte-se com o mundo em espanhol!

Lição

18 ¿QUÉ DESEA?
O QUE DESEJA?

Un caballero está mirando la sección de zapatos en unos grandes almacenes. Un dependiente se le acerca.
Um senhor está olhando a seção de sapatos em uma grande loja de departamentos. Um vendedor se aproxima dele.

Dependiente	**¿Qué desea?** *O que deseja?*
Cliente	**Quisiera probarme unos zapatos.** *Gostaria de experimentar uns sapatos.*
Dependiente	**Sí, señor. ¿Cuáles?** *Pois não, senhor. Quais?*
Cliente	**Aquellos a mano derecha: los negros.** *Aqueles que estão à direita: os pretos.*
Dependiente	**¿Qué número?** *Que número?*
Cliente	**El cuarenta y cuatro.** *Quarenta e quatro.*

Dependiente   El cuarenta y cuatro en negro. No sé si quedan. Voy a ver.
Quarenta e quatro na cor preta. Não sei se ainda temos. Vou verificar.

Algunos minutos después el dependiente vuelve sin zapatos.
Alguns minutos depois, o vendedor volta sem os sapatos.

Dependiente   Lo siento. No quedan.
Sinto muito. Não temos mais.

Cliente   ¡Qué lástima! Hace mucho tiempo que quiero comprar este estilo.
Que pena! Faz muito tempo que quero comprar uns nesse estilo.

Dependiente   Si quiere dejar su nombre le puedo llamar cuando lleguen más zapatos.
Se quiser deixar o seu nome, posso ligar para o senhor quando chegarem mais sapatos.

Cliente   Usted es muy amable.
O senhor é muito gentil.

Dependiente   O si prefiere, puede probarse otro estilo.
Ou, se preferir, pode experimentar outro modelo.

Cliente   A ver. Es esencial que sean negros. Prefiero que no tengan el tacón demasiado grande... y que no cuesten demasiado.
Deixe-me ver. É essencial que sejam pretos. Prefiro que não tenham o salto muito alto... e que não sejam muito caros.

Dependiente   Si quiere que le muestre otros... es posible que le gusten estos. Están muy de moda.
Se quiser que eu mostre outros... é possível que goste destes. Estão muito na moda.

Cliente   Será mejor que me llame cuando tenga más.
Prefiro que o senhor me ligue quando tiver mais.

Dependiente   Muy bien, señor. Antes de que se vaya, voy a escribir su nombre... o si usted quiere escribir aquí su nombre y su número de teléfono, le llamaremos en cuanto los tengamos.
Muito bem, senhor. Antes que vá embora, vou anotar seu nome... ou se o senhor quiser escrever aqui seu nome e número de telefone, ligaremos assim que chegarem.

Lição 18

> Cliente
> Aquí tiene mi nombre y mi número de teléfono. Muchas gracias. ¿Y dónde podré encontrar la sección de regalos... recuerdos... o lo que sea?
> *Aqui está o meu nome e número de telefone. Muito obrigado. E onde posso encontrar a seção de presentes... lembrancinhas... ou algo assim?*
>
> Dependiente
> Pase por allí... Allí está la escalera mecánica. Suba hasta la tercera planta.
> *Venha por aqui... Ali está a escada rolante. Suba até o terceiro andar.*
>
> Cliente
> Gracias. Hasta otro día. ¡Llámeme pronto!
> *Obrigado. Até outro dia. Ligue-me em breve!*

GRAMÁTICA / GRAMÁTICA

1. EL PRESENTE DE SUBJUNTIVO: FORMAS REGULARES / O PRESENTE DO SUBJUNTIVO: FORMAS REGULARES

Na Lição 17, comentamos sobre o presente do subjuntivo. Lembre-se de que as desinências do imperativo de **usted** e **ustedes** e de **tú** e **vosotros**, **vosotras**, na forma negativa, são tiradas do presente do subjuntivo. Nesta lição e na próxima, explicaremos outros usos. Veja abaixo a conjugação dos verbos regulares no presente do subjuntivo.

hablar	comer	escribir
falar	*comer*	*escrever*
hable	coma	escriba
hables	comas	escribas
hable	coma	escriba
hablemos	comamos	escribamos
habléis	comáis	escribáis
hablen	coman	escriban

Para os verbos terminados em **-ar**, considere a primeira pessoa do singular do presente do indicativo (**hablo**), tire a terminação e substitua-a pelas terminações **-e, -es, -e, -emos, -éis, -em**. Para os verbos terminados em **-er** e **-ir**, tire a terminação e substitua-a pelas terminações **-a, -as, -a, -amos, -áis, -an**.

No caso de verbos que possuem alguma irregularidade de ditongo na raiz, esta se dá no presente do subjuntivo, exceto em **nosotros(as)** e **vosotros(as)**, como no presente do indicativo.

poder	volver	comenzar
poder	*voltar*	*começar*
pueda	vuelva	comience
puedas	vuelvas	comiences
pueda	vuelva	comience
podamos	volvamos	comencemos
podáis	volváis	comencéis
puedan	vuelvan	comiencen

Da mesma forma que em português, alguns verbos sofrem uma mudança na ortografia, por questões fonéticas:

comenzar > **comience**

pagar > **pague**

sacar > **saque**

A escrita muda para manter o som do infinitivo.

2. EL PRESENTE DE SUBJUNTIVO: FORMAS IRREGULARES / O PRESENTE DO SUBJUNTIVO: FORMAS IRREGULARES

Se na primeira pessoa do presente do indicativo (**yo**) houver outro tipo de irregularidade que não seja de ditongo, essa mesma irregularidade é levada a todas as pessoas do presente do subjuntivo, inclusive **nosotros(as)**, **vosotros(as)**. Observe os verbos abaixo.

	INDICATIVO	SUBJUNTIVO
caer *(cair)*	caigo	caiga
decir *(dizer)*	digo	diga
hacer *(fazer)*	hago	haga
oír *(ouvir)*	oigo	oiga
poner *(pôr)*	pongo	ponga

salir (sair)	salgo	salga
tener (ter)	tengo	tenga
traer (trazer)	traigo	traiga
venir (vir)	vengo	venga

Se no presente do indicativo o verbo terminar em **-oy** ou **-ay**, veja como será sua conjugação no subjuntivo.

dar	estar	haber	ir	ser
dar	*estar*	*haver*	*ir*	*ser*
dé	esté	haya	vaya	sea
des	estés	hayas	vayas	seas
dé	esté	haya	vaya	sea
demos	estemos	hayamos	vayamos	seamos
deis	estéis	hayáis	vayáis	seáis
den	estén	hayan	vayan	sean

---

3. EL USO DEL SUBJUNTIVO TRAS ALGUNOS VERBOS / O USO DO SUBJUNTIVO APÓS ALGUNS VERBOS

O subjuntivo, como o indicativo, é um modo com vários tempos verbais. Em português, nem sempre este modo é utilizado porque temos a possibilidade do infinitivo flexionado, como em "Para falarmos deste tema, temos de estudar muito", e, além disso, com a colocação do sujeito quase todo o tempo, há maior possibilidade do emprego do infinitivo simples, como em "Para você falar desse tema comigo, é necessário ler muito". Já em língua espanhola, o subjuntivo é usado todo o tempo para expressar dúvida, possibilidade, desejo etc. Veja alguns usos mais frequentes:

(a) Após verbos que expressem desejo, vontade, preferência.

Quiere que le **visite** en Guadalajara.
Ele quer que eu o visite em Guadalajara.

¿Prefieres que **comamos** fuera?
Você prefere que comamos fora?

No quiero que me **esperen**.
Não quero que me esperem.

(b) Após verbos de emoção ou reação (esperar, arrepender-se, sentir, desfrutar, surpreender-se, temer, preocupar-se).

> Me alegra mucho que **puedas** venir.
> *Que bom que você possa vir.*
>
> Es una lástima que no los **tengan**.
> *É uma pena que vocês não os tenham.*
>
> Me sorprende que no **haga** sol.
> *É estranho que não faça sol.*

(c) Após verbos que expressam ordens, instruções, permissão ou conselhos.

> Me dice que yo **venga.**
> *Ele está me pedindo para vir.*
>
> Nos pide que **salgamos.**
> *Eles estão nos pedindo para sair.*
>
> El médico le aconseja que no **tome** alcohol.
> *O médico lhe aconselha que não beba álcool.*

Observe que:

1. Quando **decir** significa "dizer" no sentido de "relatar, contar", não há necessidade de usar o subjuntivo.

> **Dice que llegó tarde.**
> *Está dizendo que chegou tarde.*

2. O subjuntivo, em geral, é utilizado após os verbos mencionados anteriormente quando o sujeito da oração principal é diferente do sujeito da subordinada.

> Quiero **leer**.
> *Eu quero ler.*
>
> mas
> Quiero que **leas**.
> *Eu quero que você leia.*
>
> Prefieren **comprar** estos.
> *Eles preferem comprar estes.*
>
> mas
> Prefieren que **compremos** estos.
> *Eles preferem que compremos estes.*

4. EL USO DEL SUBJUNTIVO TRAS: CUANDO, HASTA QUE, EN CUANTO, ANTES DE QUE / O USO DO SUBJUNTIVO APÓS: QUANDO, ATÉ QUE, ASSIM QUE, ANTES QUE

Utiliza-se o subjuntivo quando as expressões temporais **cuando**, **hasta que** (*até que*) e **en cuanto** (*assim que*) são usadas para expressar algo no futuro. **Antes de que** vem sempre seguida por um verbo no subjuntivo, pois expressa uma ação que ainda não aconteceu, portanto, futura. Em orações condicionais reais com **Si** (se), nunca se usa o presente do subjuntivo, mas o presente do indicativo.

Compare:
Cuando **voy allí,** siempre hace buen tiempo.
Quando eu vou para lá, sempre faz tempo bom.

e
Cuando **tenga** dinero, iré a Venezuela.
Quando eu tiver dinheiro, irei à Venezuela.

ou
En cuanto ellos **lleguen,** volveré.
Assim que eles chegarem, voltarei.

ou
Antes de que ustedes **vayan** a España deben venir a verme.
Antes de irem à Espanha, devem vir me ver.

---

5. EXPRESIONES IMPERSONALES / EXPRESSÕES IMPESSOAIS

As orações substantivas acompanhadas de "que" são construídas com subjuntivo.

es (im)posible que	*é (im)possível que*
es probable que	*é provável que*
es esencial que	*é essencial que*
es mejor que	*é melhor do que*
más vale que	*vale mais do que*
conviene que	*é conveniente que*
es preciso que	*é preciso que*
es necesario que	*é necessário que*
hace falta que	*faz falta que/é necessário que*

Es posible que le **gusten** estos.
É possível que ele goste destes.

Conviene que no **cuesten** demasiado.
É melhor que não sejam muito caros.

Más vale que **llame** usted.
É melhor o senhor ligar.

Veja:

1. Tanto em espanhol quanto em português podemos construir a frase "É melhor que..." + subjuntivo. No entanto, em português, é mais comum o uso do infinitivo flexionado em lugar do subjuntivo, o que não é possível em espanhol.

   Es mejor que hablemos directamente con el jefe.
   É melhor que falemos diretamente com o chefe
   ou
   É melhor falarmos diretamente com o chefe.

2. O infinitivo pode ser utilizado em espanhol, em geral, quando o verbo for empregado de maneira impessoal (sem referência a mim, você etc.) ou quando expressar algo genérico (comum a todo mundo).

   Es imposible hacerlo mañana.
   É impossível fazer isto amanhã.

   Es preciso pagar mañana.
   É preciso pagar amanhã.

3. As expressões assertivas não requerem o uso do subjuntivo, exceto quando forem negativas, pois entram no plano da dúvida.

   Es cierto que **irá**.
   Ele certamente vai.

   No es cierto que **vaya**.
   Não é certo que ele vá.

¡TODO LO CONTRARIO! / **PELO CONTRÁRIO!**

Aprender os opostos é uma forma muito efetiva de lembrar palavras e incrementar o vocabulário. Também será mais fácil aprender palavras no contexto de uma frase. Veja que as vogais entre parênteses indicam a irregularidade de alguns verbos.

divertirse (ie)	divertir-se
aburrirse	entediar-se
acostarse (ue)	deitar-se

Lição 18

despertarse (ie)	acordar
levantarse	levantar-se
igual	igual, da mesma forma
mismo/misma	mesmo/mesma
fuera	fora
joven	jovem
viejo, vieja	velho, velha
temprano	cedo

ir a + infinitivo = ir fazer alguma coisa (em espanhol, é obrigatório o uso da preposição "a")
acabar de + infinitivo = acabar de fazer alguma coisa

Estos zapatos no son **iguales**. Son **diferentes.**
Estes sapatos não são iguais. São diferentes.

No es el **mismo** estilo. Es **distinto.**
Não é o mesmo estilo. É distinto.

Mi primo es **joven** y mi prima también. Ellos son **jóvenes.**
O meu primo é jovem e a minha prima também. Eles são jovens.

El lunes no podemos **acostarnos tarde.** El martes tenemos que **levantarnos temprano.**
Na segunda-feira não podemos deitar tarde. Na terça-feira temos que nos levantar cedo.

Van a visitar el centro.
Eles vão visitar o centro.

Acaban de visitar el centro.
Elas acabam de visitar o centro.

VOCABULARIO / VOCABULÁRIO

el dependiente, la dependienta: o vendedor, a vendedora
el cliente, la clienta: o cliente, a cliente
el número: o número
el estilo: o estilo
el regalo: o presente
el tacón: o salto
el zapato: o sapato
la moda: a moda
estar de moda: estar na moda
mostrar (ue): mostrar

probar (ue): experimentar
a la derecha: à direita
a la izquierda: à esquerda
la escalera mecánica: a escada rolante
Conviene que…: É conveniente que…
¡Qué lástima!: Que pena!
en cuanto: assim que
más: mais
más vale que…: é melhor do que…
caer: cair
el uso: o uso
rogar: implorar
divertirse (ie): divertir-se
aburrirse: entediar-se
igual: igual
despertarse (ie): acordar
fuera: fora

EJERCICIOS / EXERCÍCIOS

Responda às perguntas usando informações do diálogo que introduz esta lição.

1. ¿Cuál es la primera pregunta del dependiente? _____

2. ¿Qué contesta el señor? _____

3. ¿Qué número quiere? _____

4. El dependiente tiene una idea. ¿Cuál es? _____

5. Describa los zapatos ideales del señor. Empiece con "Es esencial que…" _____

6. ¿Cuál es la sección del almacén que el cliente necesita ahora? _____

Exercício A

Lição 18

Complete cada oração colocando o verbo entre parênteses no presente do subjuntivo.

Exercício B

1. Queremos que usted _____ (abrir) la puerta.
2. Prefiero que vosotros _____ (beber) cerveza.
3. Quieren que tú _____ (reservar) una mesa.
4. Quiero que ustedes _____ (comprar) unas flores.
5. Rogamos que ustedes _____ (llegar) a las dos.
6. Quieren que ellos _____ (probar) la carne.
7. Queremos que vosotros _____ (pagar) la cuenta.
8. Prefiero que tú _____ (buscar) el vino.

Complete cada oração com o verbo indicado entre parênteses no presente do subjuntivo.

Exercício C

1. Estamos contentos de que ella _____ (venir).
2. Estamos contentos de que ustedes _____ (aceptar) el regalo.
3. Estamos contentos de que tú _____ (preferir) este restaurante.
4. Están contentos de que nosotros _____ (visitar) el museo.
5. Estoy contento de que usted _____ (vivir) aquí.
6. Sentimos que vosotros no _____ (poder) venir.
7. Siento que nosotros _____ (tener) que irnos.
8. Sienten que el coche no _____ (funcionar).
9. Es mejor que ella _____ (preparar) la cena.
10. Conviene que los niños no _____ (ir) a los grandes almacenes.

Visite <http://www.berlitzpublishing.com> para atividades extras na internet – vá à seção de downloads e conecte-se com o mundo em espanhol!

¡BUEN PROVECHO!
BOM APETITE!

Lição 19

Pablo Martínez ha invitado a David y a Anita a cenar.
Están en un restaurante. En la mesa se ven copas, vasos,
tenedores, cucharas, cuchillos, muchas tapas (chorizo,
aceitunas, croquetas, jamón, pulpo, calamares, butifarra,
y botellas de vino tinto y agua mineral).
*Pablo Martínez convidou David e Anita para jantar. Estão em um
restaurante. Na mesa há taças, copos, garfos, colheres, facas e
muitos petiscos (calabresa, azeitonas, croquete, presunto, polvo,
lula, salsicha, e garrafas de vinho e água mineral).*

> David ¡Salud! A mis profesores y a estos amigos tan
> buenos.
> *Saúde! A meus professores e a estes amigos tão
> bons.*
>
> Anita ¡Salud! David, sírvete, toma más pulpo, o
> calamares o lo que quieras.
> *Saúde! David, sirva-se, pegue mais polvo, ou lula,
> ou o que quiser.*

Lição 19

Señor Martínez ¿Te echo más vino? No hagas ceremonias. Estás en tu casa.
Sirvo mais vinho? Não faça cerimônia. A casa é sua.

Anita David, ¿estás mejor? Estuvimos los dos en la consulta de Don Ignacio. ¿Te acuerdas?
David, está melhor? Nós dois estivemos no consultório do Dr. Ignacio. Lembra-se?

David Sí, ya estoy mejor, casi. Don Ignacio dice que no es nada grave.
Sim, já estou bem melhor. O Dr. Ignacio diz que não é nada grave.

Señor Martínez Anita, ¿tú no estás bien? ¿Dices que estuviste en consulta?
Anita, você não está bem? Você está dizendo que esteve no consultório?

Anita ¿Yo? Desde hace unos días no tengo ganas de salir. No me interesa nada. Estoy cansada.
Eu? Há alguns dias que não sinto vontade de sair. Não me interesso por nada. Estou cansada.

Señor Martínez Y ¿qué dice que es?
E o que ele disse que é?

Anita ¡Estrés! (risas) Dice que no tome alcohol (más risas), que pase el día leyendo, que me acueste temprano, que coma mucha fruta, que no vaya al trabajo...
Estresse! (risadas) Disse que não devo beber álcool (mais risadas), que passe o dia lendo, que vá dormir cedo, que coma muitas frutas, que não vá trabalhar...

Señor Martínez ¡Caramba! ¿Que no tomes alcohol? ¿Entonces te echo más vino? (más risas)
Caramba! Que não beba álcool? Então eu lhe sirvo mais vinho? (mais risadas)

Anita En serio, no puedo.
É sério, não posso.

Señor Martínez En serio, el vino es bueno para la salud.
Sério, o vinho é bom para a saúde.

Anita David, ¿qué te dijo Don Ignacio?
David, o que o Dr. Ignacio lhe disse?

David	Estaba fatal. ¿Y qué me dijo? "Tiéndete sobre la cama, te voy a hacer un reconocimiento". Y luego le dije: "Me duele el vientre, me duelen los oídos y quiero algo que me quite el dolor".
	Eu estava muito mal. E o que me disse? "Deite na cama, vou examiná-lo". E depois eu falei: "Dói o abdômen, doem os ouvidos e quero algo que tire a dor".
Anita	¿Te dio antibióticos?
	Ele receitou antibióticos?
David	¡Ni hablar! Dijo... no me acuerdo de la palabra...
	Nem pensar! Ele disse... não me lembro da palavra...
Señor Martínez	¿Fiebre glandular? ¿Apendicitis?
	Febre glandular? Apendicite?
David	A ver... Sí, enfermo... enfermedad, que es una enfermedad común entre los estudiantes. Ese loco cree que estoy nervioso... por los exámenes. (risas)
	Deixe-me ver... Sim, doente... doença, que é uma doença comum entre os estudantes. Esse louco acha que estou nervoso... por causa das provas. (risadas)
Anita	Y tú, estudiante del año y todo.
	E você, estudante do ano e tudo.
David	Y dijo: "Trata de descansar, acuéstate temprano, no salgas de noche, ni vayas a fiestas, toma vitaminas, y no tomes alcohol".
	E disse: "Tente descansar, deite cedo, não saia à noite, nem vá a festas, tome vitaminas e não beba álcool".
Anita	Lo mismo que a mí. (risas)
	Ele disse a mesma coisa para mim. (risadas)
David	Lo peor fue que dijo que esta enfermedad es muy común entre los estudiantes que no se han preparado para los exámenes.
	O pior foi que ele disse que esta doença é muito comum entre os estudantes que não se prepararam para os exames.
Señor Martínez	En tu caso no creo que sea verdad.
	No seu caso eu não acho que seja verdade.
Anita	¡Qué loco este Don Ignacio!
	Que louco, esse Dr. Ignacio!
Señor Martínez	Camarero, traiga más vino por favor. Esta noche tenemos que celebrar.
	Garçom, traga mais vinho, por favor. Esta noite temos que comemorar.

Lição 19

> *Anita* **Por los buenos resultados de David.**
> *Pelos bons resultados do David.*

GRAMÁTICA / GRAMÁTICA

1. EL PRESENTE DE SUBJUNTIVO TRAS UN ANTECEDENTE INDEFINIDO / O PRESENTE DO SUBJUNTIVO APÓS UM ANTECEDENTE INDEFINIDO

Um dos usos do presente do subjuntivo acontece quando "o que" ou "quem" se refere a algo que está no plano dos desejos e que ainda não se configurou como fato. Observe os seguintes exemplos:

Busco **algo que** quite el dolor.
Procuro algo que tire a dor.

Necesito **un intérprete** que sepa hablar japonés.
Preciso de um intérprete que saiba falar japonês.

Te daré lo que **quieras.**
Darei o que quiser.

Quiero un empleo **que esté** bien pagado.
Quero um emprego que pague bem.

Busco una casa **que tenga** piscina y pista de tenis.
Procuro uma casa que tenha piscina e quadra de tênis.

Veja o contraste entre os exemplos anteriores, que indicam uma ideia, um desejo, portanto, algo ainda irreal, com os seguintes, que se referem a uma pessoa ou um objeto real, específico e identificável.

Busco **la** medicina que quita el dolor.
Procuro o remédio que tira a dor.

Busco **la** casa que tiene piscina y una pista de tenis.
Procuro a casa que tem piscina e quadra de tênis.

Necesito **al** intérprete que sabe hablar japonés.
Preciso do intérprete que sabe falar japonês.

Veja que o artigo definido "**a**" é utilizado nesses exemplos para se referir a pessoas e coisas específicas.

2. **EL PRESENTE DE SUBJUNTIVO TRAS UN ANTECEDENTE NEGATIVO** / O PRESENTE DO SUBJUNTIVO APÓS UM ANTECEDENTE NEGATIVO

Quando o verbo estiver precedido por um antecedente negativo, utiliza-se o modo subjuntivo. Estude os exemplos seguintes.

No hay **nada que podamos** hacer.
Não há nada que possamos fazer.

No encuentro **a nadie** que me ayude.
Não encontro ninguém que me ajude.

No hay **nadie que sepa** lo difícil que es.
Não há ninguém que saiba quão difícil é isso.

---

3. **EL PRESENTE DE SUBJUNTIVO TRAS "QUIZÁ(S)" Y "TAL VEZ"** / O PRESENTE DO SUBJUNTIVO APÓS "TALVEZ"

Usa-se essa estrutura para indicar uma dúvida ou incerteza considerável sobre algo.

Quizás **sepan** algo.   Tal vez **vengan** más tarde.
Talvez saibam algo.   *Talvez eles venham mais tarde.*

---

4. **EL PRESENTE DE SUBJUNTIVO TRAS "NO CREER, NO DECIR, DUDAR"** / O PRESENTE DO SUBJUNTIVO APÓS "NÃO ACREDITAR, NÃO DIZER, DUVIDAR"

No creo que **llueva.**
Não creio que chova.

No digo que **sea** imposible.
Não digo que seja impossível.

Dudo que **tengamos** tiempo.
Duvido que tenhamos tempo.

---

5. **EL PRESENTE DE SUBJUNTIVO TRAS "PARA QUE"** / O PRESENTE DO SUBJUNTIVO APÓS "PARA QUE"

O presente do subjuntivo é utilizado depois de **para que**. Essa conjunção expressa finalidade e é usada quando o sujeito da oração principal é diferente do sujeito da oração final.

Te lo explicaré **para que** lo **sepas.**
Eu explicarei isso a você, para que você fique sabendo.

Vamos al almacén **para que busquen** los zapatos.
Nós vamos à loja de departamentos para que eles procurem os sapatos.

---

6. EL PRETÉRITO PERFECTO DE SUBJUNTIVO / O "PRETÉRITO PERFECTO" DO SUBJUNTIVO

O **pretérito perfecto** do subjuntivo é um dos termos compostos do modo subjuntivo, que se forma com o verbo **haber** no presente do subjuntivo (**haya, hayas, haya, hayamos, hayáis, hayan**) + o particípio do verbo principal. É utilizado nas mesmas circunstâncias que o presente do subjuntivo, mas indicando algo imediatamente anterior a ele.

Siento que no **hayas podido** comprarlo.
É uma pena que não você tenha podido comprá-lo.

Es imposible que no se **hayan acordado**.
É impossível que não tenham se lembrado.

No creo que **hayamos perdido** la dirección.
Não acredito que tenhamos perdido o endereço.

---

7. EL IMPERATIVO: POSICIÓN DEL PRONOMBRE / O IMPERATIVO: POSIÇÃO DO PRONOME

No imperativo afirmativo, os pronomes complemento direto e indireto e os reflexivos são colocados sempre após o verbo e unidos a ele.

¡Démelo!	*Dê-me isso!*
¡Levántese!	*Levante-se!*
¡Dígame!	*Alô?* (ao atender o telefone)
¡Cuéntanoslo!	*Conte-nos isso!*

Se o verbo estiver no imperativo negativo, sempre o antecedem.

¡No me lo des!	*Não me dê isso!*
¡No se levante!	*Não se levante!*
¡No me diga!	*Não me diga!*

Lição 19

No espanhol peninsular (da Espanha), onde se usa **vosotros** e **vosotras**, quando os verbos para essas pessoas estão conjugados no imperativo, os pronomes seguem um padrão diferente. Em vez de acrescentar-se o **-d** ao final do verbo (**hablad, comed, vivid**), como vimos nas lições anteriores, ao estar acompanhado do pronome, o verbo perde o **-d** e adquire duas formas: manter o **-r** do infinitivo ou simplesmente perdê-lo. Veja os exemplos:

¡Levantaros ya! ou ¡Levantáos ya!	Levantem-se já!
¡Sentaros! ou ¡Sentáos!	Sentem-se!

VOCABULARIO / **VOCABULÁRIO**

¡Que aproveche!: Bom proveito!
el chorizo: a calabresa, a linguiça
el pulpo: o polvo
los calamares: a lula
la aceituna: a azeitona
la butifarra: o chouriço
la croqueta: o croquete
el agua mineral con gas: a água mineral com gás
el agua mineral sin gas: a água mineral sem gás
¡Salud!: Saúde!
la risa: a risada
echar: servir, verter
hacer ceremonias: fazer cerimônia
Estás en tu casa: A casa é sua
servirse (i): servir-se
¿Te acuerdas?: Você se lembra?
un par: um par
¡Caramba!: Caramba!
en serio: sério
contar (ue): contar
¡No me digas!: Não me diga!
el antibiótico: o antibiótico
ya: já
celebrar: comemorar
el resultado: resultado
mejorarse: melhorar
estar nervioso/estar nerviosa: estar nervoso/nervosa
quitar: tirar
el dolor: a dor
el/la intérprete: o intérprete, a intérprete
interesar: interessar
económico, económica: econômico, econômica

Lição 19

> **rico, rica:** rico, rica
> **el vaso:** o copo
> **la copa:** a taça
> **alquilar:** alugar

EJERCICIOS / EXERCÍCIOS

Responda às perguntas usando informações do diálogo que introduz esta lição.

Exercício A

1. ¿Qué se dice al empezar a comer? _____

2. ¿Qué hacen Pablo Martínez, David y Anita? _____

3. Describa lo que hay en la mesa. _____

4. ¿Quién es Don Ignacio? _____

5. ¿Quiénes habían estado enfermos? _____

6. ¿Hace mucho tiempo que Anita está enferma? _____

Exercício B

Reescreva as orações abaixo com o verbo sublinhado no presente do subjuntivo.

Ex.:

No conozco a nadie que <u>ir</u> a España.
No conozco a nadie que **vaya** a España.

1. No conozco a nadie que <u>tener</u> tanto dinero. _____

2. No conozco a nadie que me <u>decir</u> la verdad. _____

Lição 19

3. No conocemos a nadie que <u>querer</u> venir. _____

4. No vemos a nadie que <u>poder</u> ayudarnos. _____

5. No hay nada que os <u>gustar</u>. _____

6. No hay nada que ellos <u>temer</u> más. _____

7. No hay nada que ellos <u>preferir</u>. _____

8. No hay nada que les <u>ser</u> interesante. _____

9. No tenemos nada que te <u>interesar</u>. _____

10. No podemos regalarles nada que ellos ya no <u>tener</u>.

Reescreva as orações abaixo com o verbo sublinhado no presente do subjuntivo.

Exercício C

1. Buscamos unos estudiantes que <u>querer</u> aprender.

2. Busco unas secretarias que <u>ser</u> simpáticas e inteligentes.

3. Buscan un coche que <u>ser</u> económico. _____

4. El médico quiere hablar con un intérprete que <u>hablar</u> ruso.

5. Quiero hablar con alguien que me <u>ayudar</u>. _____

6. Queremos llamar a alguien que nos <u>aconsejar</u>.

Lição 19

7. Queremos invitar a alguien que <u>querer</u> conocer la ciudad.

_____

8. Prefiero ver a un médico que <u>comprender</u> la situación.

_____

9. Preferís un trabajo que <u>tener</u> muchas vacaciones.

_____

10. Es necesario alquilar un apartamento que <u>estar</u> en el centro.

_____

> Visite <http://www.berlitzpublishing.com> para atividades extras na internet – vá à seção de downloads e conecte-se com o mundo em espanhol!

Lição

REVISÃO: LIÇÕES 17-19

20

LEA Y ESCUCHE LOS DIÁLOGOS DE LAS UNIDADES 17-19 PARA PRACTICAR LA PRONUNCIACIÓN Y EL VOCABULARIO APRENDIDO.

Diálogo 17

Mucha gente está enferma. Casi todos tienen gripe. Don Ignacio es médico y en la sala de espera de su consulta vemos a Anita. Anita está muy cansada. David también quiere ver a Don Ignacio. Le duele la cabeza y no tiene ganas de comer, ni mucho menos de estudiar.

Don Ignacio Buenos días. ¿Cómo está?

Anita Estoy fatal. No puedo hacer nada… absolutamente nada…

Don Ignacio Tiéndase sobre la cama. ¿Qué le duele? Le voy a hacer un reconocimiento.

Anita	Me duele la cabeza, me duele el vientre, me duele la espalda, me duele la garganta, me duelen los oídos...
Don Ignacio	¿Tiene fiebre?
Anita	Pues no lo sé. No puedo trabajar y tengo tanto que hacer. No puedo hacer nada y si yo no estoy allí, nadie hace nada.
Don Ignacio	Tranquilícese, Anita, está muy estresada.
Anita	¡Pero tengo mucho trabajo!
Don Ignacio	Vuelva a casa. Lea un libro. Descanse. Coma mucha fruta y carne, muchas proteínas y vitaminas. No beba alcohol. No piense en el trabajo. Acuéstese temprano y levántese tarde.
Anita	Pero me duele todo. ¿No me da medicinas?
Don Ignacio	Es cuestión de estrés, nada más. Siga usted mis consejos. Vuelva en ocho días. ¿Está bien?

El siguiente paciente entra en la oficina del doctor...

Don Ignacio	Hola, David, ¿cómo estás?
David	Fatal. Es la primera vez que estoy así. ¿Qué me pasa?
Don Ignacio	Tiéndete sobre la cama. Te voy a hacer um reconocimiento. ¿Te duele aquí?
David	Mucho. Muchísimo.
Don Ignacio	¿Te duele aquí?
David	Ahí también. Me duelen los ojos, me duele el vientre, me duelen las piernas, la espalda. Tengo fiebre.
Don Ignacio	No es el primer caso que veo. Es una enfermedad bastante común entre estudiantes.
David	¿Me voy a morir? ¿Será apendicitis?
Don Ignacio	Espera, déjame hablar.
David	¿Será necesario ir de vacaciones?
Don Ignacio	En absoluto. Es una enfermedad muy común cuando hay exámenes.
David	¿Será fiebre glandular?
Don Ignacio	No, ni fiebre glandular, ni apendicitis. Es que tienes miedo a los exámenes, David. Toma mucho líquido, trata de descansar, acuéstate temprano y toma vitaminas. No salgas de noche, ni vayas a fiestas.

David	Bueno, trataré de seguir sus consejos.
Don Ignacio	Sobre todo, no tomes alcohol. ¿De acuerdo?

Diálogo 18

Un caballero está mirando la sección de zapatos en unos grandes almacenes. Un dependiente se le acerca.

Dependiente	¿Qué desea?
Cliente	Quisiera probarme unos zapatos.
Dependiente	Sí, señor. ¿Cuáles?
Cliente	Aquellos a mano derecha: los negros.
Dependiente	¿Qué número?
Cliente	El cuarenta y cuatro.
Dependiente	El cuarenta y cuatro en negro. No sé si quedan. Voy a ver.

Algunos minutos después el dependiente vuelve sin zapatos.

Dependiente	Lo siento. No quedan.
Cliente	¡Qué lástima! Hace mucho tiempo que quiero comprar este estilo.
Dependiente	Si quiere dejar su nombre le puedo llamar cuando lleguen más zapatos.
Cliente	Usted es muy amable.
Dependiente	O si prefiere, puede probarse otro estilo.
Cliente	A ver. Es esencial que sean negros. Prefiero que no tengan el tacón demasiado grande... y que no cuesten demasiado.
Dependiente	Si quiere que le muestre otros... es posible que le gusten estos. Están muy de moda.
Cliente	Será mejor que me llame cuando tenga más.
Dependiente	Muy bien, señor. Antes de que se vaya, voy a escribir su nombre... o si usted quiere escribir aquí su nombre y su número de teléfono, le llamaremos en cuanto los tengamos.
Cliente	Aquí tiene mi nombre y mi número de teléfono. Muchas gracias. ¿Y dónde podré encontrar la sección de regalos... recuerdos... o lo que sea?

Lição 20

Dependiente	Pase por allí... Allí está la escalera mecánica. Suba hasta la tercera planta.
Cliente	Gracias. Hasta otro día. ¡Llámeme pronto!

Diálogo 19

Pablo Martínez ha invitado a David y a Anita a cenar. Están en un restaurante. En la mesa se ven copas, vasos, tenedores, cucharas, cuchillos, muchas tapas (chorizo, aceitunas, croquetas, jamón, pulpo, calamares, butifarra, y botellas de vino tinto y agua mineral).

David	¡Salud! A mis profesores y a estos amigos tan buenos.
Anita	¡Salud! David, sírvete, toma más pulpo, o calamares o lo que quieras.
Señor Martínez	¿Te echo más vino? No hagas ceremonias. Estás en tu casa.
Anita	David, ¿estás mejor? Estuvimos los dos en la consulta de Don Ignacio. ¿Te acuerdas?
David	Sí, ya estoy mejor, casi. Don Ignacio dice que no es nada grave.
Señor Martínez	Anita, ¿tú no estás bien? ¿Dices que estuviste en la consulta?
Anita	¿Yo? Desde hace unos días no tengo ganas de salir. No me interesa nada. Estoy cansada.
Señor Martínez	Y ¿qué dice que es?
Anita	¡Estrés! (risas) Dice que no tome alcohol (más risas), que pase el día leyendo, que me acueste temprano, que coma mucha fruta, que no vaya al trabajo...
Señor Martínez	¡Caramba! ¿Que no tomes alcohol? ¿Entonces te echo más vino? (más risas)
Anita	En serio, no puedo.
Señor Martínez	En serio, el vino es bueno para la salud.
Anita	David, ¿qué te dijo Don Ignacio?
David	Estaba fatal. ¿Y qué me dijo? "Tiéndete sobre la cama, te voy a hacer un reconocimiento". Y luego le dije: "Me duele el vientre, me duelen los oídos y quiero algo que me quite el dolor".

Anita	¿Te dio antibióticos?
David	¡Ni hablar! Dijo… no me acuerdo de la palabra…
Señor Martínez	¿Fiebre glandular? ¿Apendicitis?
David	**A ver… Sí, enfermo…. enfermedad, que es una enfermedad común entre los estudiantes. Ese loco cree que estoy nervioso… por los exámenes. (risas)**
Anita	**Y tú, estudiante del año y todo.**
David	**Y dijo: "Trata de descansar, acuéstate temprano, no salgas de noche, ni vayas a fiestas, toma vitaminas, y no tomes alcohol".**
Anita	**Lo mismo que a mí. (risas)**
David	**Lo peor fue que dijo que esta enfermedad es muy común entre los estudiantes que no se han preparado para los exámenes.**
Señor Martínez	**En tu caso no creo que sea verdad.**
Anita	**¡Qué loco este Don Ignacio!**
Señor Martínez	**Camarero, traiga más vino por favor. Esta noche tenemos que celebrar.**
Anita	**Por los buenos resultados de David.**

EJERCICIOS / **EXERCÍCIOS**

Mude o verbo do presente ou pretérito perfeito do indicativo para o imperfeito ou mais-que-perfeito do indicativo, de acordo com cada frase.

Ex.:
Elena dijo: ellos <u>quieren</u> cenar.
Elena dijo que ellos **querían** cenar.

Juan dijo: <u>han tenido</u> que irse.
Juan dijo que **habían tenido** que irse.

Exercício A

1. Dijeron: no hemos podido hacerlo. _____

2. Le dijo a su amigo: hay mucha gente en el consultorio.

3. Le dije: he escrito la carta. _____

Lição 20

4. Les dijimos: el tren ha salido. _____
   _____

5. Mi novia dijo que ya no quiere casarse conmigo.
   _____

Exercício B

Reescreva as orações colocando o verbo entre parênteses no presente do subjuntivo.

1. Es preciso que los estudiantes _____ (aprender) mucho.

2. No digo que vosotros _____ (ser) malos estudiantes.

3. ¿Queréis que yo _____ (venir) a ayudaros?

4. No pienso que este loco _____ (tomar) vino.

5. No creo que _____ (tener) usted razón.

6. Es muy importante que ellos _____ (pagar) en seguida.

7. Más vale que ustedes _____ (seguir) los consejos del médico.

8. Dudo que él _____ (haber) dicho eso.

9. Prefiero que la casa no _____ (estar) sucia.

10. Quizás no lo _____ (saber) sus padres.

Exercício C

Escreva as orações em espanhol observando o uso apropriado dos modos indicativo ou subjuntivo em cada caso.

1. Eles estão muito tristes porque você não pode visitá-los este ano.
   _____
   _____

2. Eles querem que eu compre vinho tinto? _____
   _____

3. O meu professor está contente porque eu quero estudar muito
   _____
   _____

4. Ele pede ao garçom para trazer a lula. _____
   _____

Lição 20

5. Eles pedem à Maria e à Carmen para não chegarem tarde.

6. Os nossos amigos querem que experimentemos a linguiça.

7. Não conheço ninguém que saiba onde fica. _____

8. Nós não conhecemos ninguém que venha. _____

9. Eu não conheço ninguém que acorde cedo. _____

10. Ele não conhece ninguém que não esteja gripado.

11. Ele pede que eu decida. _____

12. Não tem nada de que eu goste mais. _____

13. É muito provável que eles venham esta noite. _____

14. É melhor que você vá para casa. _____

15. É possível que vocês tenham de ficar aqui. _____

16. É melhor eles não falarem. _____

17. É possível que tenham me visto. _____

18. É possível que tenhamos chegado? _____

Lição 20

19. É necessário que ele venha de uma vez. _____

20. Não há nada que possa ser feito. _____

21. Não acho que o intérprete vá chegar às nove. _____

22. Eu duvido que seja verdade. _____

23. Ele quer falar comigo antes de vocês chegarem. _____

Exercício D

Complete as orações seguintes com a forma apropriada do verbo no modo subjuntivo.

1. Podremos ir allí cuando _____ (hacer) sol.
2. Podrás hacerlo cuando _____ (ser) mayor.
3. No voy a hacerlo hasta que _____ (volver) ellos.
4. Antes de que _____ (haber) algún accidente, dámelo.
5. No queremos que tú _____ (irse).
6. En cuanto _____ (tener) yo los detalles, os escribiré.

Exercício E

Reescreva as orações seguintes utilizando o modo imperativo em usted.

1. mirar _____
2. oír, es Juan _____
3. decir _____
4. no ser malo _____

Lição 20

Reescreva as orações seguintes utilizando o modo imperativo em vosotros.

Exercício F

1. pedir otro café _____
2. explicármelo _____
3. no fumar _____
4. volver por allí _____

Reescreva as orações seguintes utilizando o modo imperativo em ustedes.

Exercício G

1. no decir eso _____
2. pedir otro té _____
3. buscar un taxi _____
4. subir hasta el cruce _____

Reescreva as orações seguintes utilizando o modo imperativo em tú.

Exercício H

1. bajar al centro _____
2. sacar las entradas _____
3. levantarse _____
4. probar estos zapatos _____

RESPOSTAS DOS EXERCÍCIOS

LIÇÃO 1

A.	B.	C.	D.	E.
1. una	1. es	1. una persona	1. la	1. h
2. un	2. no es	2. un mapa	2. el	2. f
3. un	3. es	3. una ciudad	3. la	3. d
4. una	4. no es	4. una respuesta	4. el	4. a
5. una	5. no es	5. un español	5. el	5. c
6. una				6. e
7. un				7. b
8. una				8. g
9. un				
10. un				

LIÇÃO 2

A.

1. No, no soy de Madrid.
2. No, no soy de San Pablo.
3. No, no soy de Londres.
4. No, no soy canadiense.
5. No, no estudio francés.
6. No, no soy español (española).
7. No, no trabajo en París.
8. No, no trabajo en un banco.

B.

1. alto
2. Esta
3. chilena
4. español
5. francés
6. rusas
7. pequeña
8. ridículo
9. bajas
10. italiano

Respostas dos exercícios

LIÇÃO 3

A.

1. Sí, tiene un billete para el avión.
2. Está en el bolso de Anita.
3. Sí, viaja con una maleta grande.
4. Tiene una falda, un suéter, unas blusas, un pantalón y zapatillas de deporte.
5. Tiene pasaporte.
6. Va a Sevilla, en España.
7. Va a ir en taxi.
8. No. No sale hoy. Sale mañana.
9. Va a salir a las tres.
10. Anita vuelve en ocho días.
11. No. David no va a viajar. Va a estudiar.
12. Sí, David es muy curioso.
13. Sí. Yo voy mucho de viaje./ No, no voy mucho de viaje.
14. Tomo un taxi/un autobús/el metro.

LIÇÃO 4

A.

1. Es la una.
2. Son las dos y diez (minutos).
3. Son las ocho y media.
4. Son las cinco y cuarto.
5. Son las diez menos cuarto.
6. Son las siete y veinte (minutos).
7. Son las once menos veinticinco.
8. Es mediodía.
9. Son las doce y media.

B.

1. Está en casa.
2. Llama por teléfono a su vecino Paco.
3. Es viernes.
4. Paco tiene una agenda.
5. Son muy simpáticos.
6. Van primero al teatro.
7. Después van a un restaurante.
8. Paco no quiere ir.
9. Son las ocho.
10. Los amigos de los Martínez vienen a las ocho y media.

Respostas dos exercícios

LIÇÃO 5

A.

1. doce
2. dieciséis
3. dieciocho
4. veintitrés
5. treinta y uno
6. treinta y seis
7. cuarenta y dos
8. cincuenta y cinco
9. sesenta y tres
10. setenta y cuatro
11. ochenta y ocho
12. noventa y nueve
13. cien
14. ciento veintiséis

B.

lunes, martes, miércoles, jueves, viernes, sábado, domingo

C.

1. El empleado es puntual.
2. Sí. Tienen mucho trabajo.
3. Tienen que mandar ciento veinticinco cartas.
4. No va a tardar mucho. Tiene su ordenador.
5. El empleado va a sentarse.
6. Tienen la lista de clientes y la lista de direcciones de correo electrónico.
7. Va a llamar a la secretaria del jefe.
8. No, él no sabe dónde está.

LIÇÃO 6

A.

1. el diálogo
2. los bancos
3. las escuelas
4. la clase
5. el boleto
6. el centro
7. la falda
8. el autobús
9. el taxi
10. la hora
11. el día
12. las guías
13. la tarde
14. la noche
15. el restaurante
16. el hotel
17. el trabajo
18. la oficina
19. la carta
20. los ordenadores
21. el jefe
22. la empleada
23. la lista
24. las sillas
25. la foto
26. la mujer
27. la moto
28. los hombres
29. el amigo
30. la agenda
31. el avión
32. las páginas
33. el teatro
34. el cine
35. las calles
36. el teléfono

37. el fax
38. las vacaciones
39. los señores
40. el chico

B.

1. está
2. soy
3. sale
4. tengo
5. trabajáis
6. va
7. sabemos
8. quieres
9. puedo
10. es
11. digo
12. vuelve
13. empiezan
14. hablan
15. escribiendo
16. pongo
17. sabéis
18. conozco
19. viajas
20. prefiero

C.

1. tampoco
2. es
3. a
4. este
5. con
6. esposo
7. a
8. en
9. me
10. Al
11. gran
12. alguna

LIÇÃO 7

A.

1. Están sentados en la terraza de un café.
2. Alberto toma un café con leche, tostadas y un bollo con mermelada y mantequilla.
3. Anita toma té con limón y una magdalena.
4. No. No piensa hacer nada especial. Quiere pasear y ver la ciudad.
5. Están en Sevilla. Sevilla es una ciudad interesante; tiene una catedral, museos, monumentos y un río.
6. Nadie quiere dormir la siesta.
7. Alberto quiere ir al cine. Hay una película nueva.
8. Empieza a las diez.
9. Van a visitar algunos museos e ir de paseo.
10. Dice, "¡Camarero!"
11. Paga siete euros con veinte.
12. Dice, "Aquí tiene".

B.

1. Sale a las cuatro y cinco.
2. Sale a las ocho y media.
3. Sale a las seis y veinticinco.
4. Sale a las diez.

Respostas dos exercícios

C.

1. No, no viene nadie.
2. No, no ceno nunca en aquel restaurante.
3. No, no tenemos ninguna idea.
4. No, no deseo visitar ninguno.
5. No, no comen tapas tampoco.

LIÇÃO 8

A.

1. Está en Santiago.
2. Tiene una reserva para una noche.
3. Habla con la recepcionista.
4. Necesita un bolígrafo para rellenar la ficha.
5. Tiene una maleta.
6. Sí, tiene ascensor.
7. Sirven el desayuno de ocho a once.
8. Sí, quiere llamar por teléfono.

B.

1. sí
2. pequeño
3. sentado
4. malo
5. tampoco
6. mucho
7. acabar
8. ninguno
9. algo
10. siempre
11. viejo
12. venir
13. la mujer
14. el día
15. tener calor
16. allí

C.

1. su, sus
2. nuestros, nuestras
3. su, sus, su
4. nuestros, nuestro, nuestra
5. mi, mis, mi

D.

1. quinta
2. sexta
3. segundo
4. cuarta
5. tercer

LIÇÃO 9

A.

1. Está en Correos.
2. No, quiere comprar sellos.
3. Quería mandar dos cartas.

Respostas dos exercícios

4. Va a tardar ocho días en llegar.
5. Sabía que iba a costar bastante.
6. Son mil quinientos pesos.
7. Tenía que escribir su dirección y el valor del contenido.
8. No tenía dinero suelto.

B.

1. David la rellena.
2. La escribe.
3. Los compra.
4. No lo veo.
5. ¿Lo tienes?
6. Ahora la vamos a estudiar.
7. No los veo.
8. Lo miramos.
9. Queremos abrirlas./ Las queremos abrir.
10. Los pido.

C.

1. por
2. para
3. para
4. por aquí
5. para
6. Para
7. para
8. por

D.

1. Compraban mucho.
2. Hablábamos bastante.
3. Comíais demasiado.
4. ¿Usted miraba al chico?
5. Llegaban para Semana Santa.
6. Bebías mucha agua.
7. Era interesante.
8. Veía el centro desde aquí.
9. Iba al aeropuerto.
10. Eran caros.

LIÇÃO 10

A.

1. No, no quería ir.
2. Hacía buen tiempo, con cielo azul. No hacía calor, tampoco hacía frío. No. llovía.
3. No. El señor Martínez pensaba montar a caballo en la sierra.
4. Las condiciones eran ideales. No hacía viento. Había nubes, pero no muchas.

Respostas dos exercícios

5. El señor Martínez perdió el paraguas y el impermeable.
6. Hacía mal tiempo. Desapareció el sol. Llovió. Se levantó el viento.
7. Fue en diciembre con el Sr. Martínez y sus amigos ingleses.
8. No va porque no le apetece.

B.

1. Abrieron la puerta.
2. ¿Qué comimos al mediodía?
3. Visitó a María.
4. ¿Se levantaron a las ocho?
5. Volviste al hotel.
6. Perdió el paraguas.
7. Pagué mil pesos.
8. Se quedó aquí.
9. Buscasteis el bar.
10. Habló mucho.

C.

1. Mercedes compró un bolso.
2. Los italianos volvieron tarde.
3. ¿Vivieron en la sierra?
4. No salieron nunca.
5. Desapareció el sol.
6. Llegué al restaurante.
7. Miré la agenda.
8. Busqué el paraguas.
9. No me acordé.
10. ¿Tomamos vino o café?
11. Comimos bastante.
12. Habló poco.
13. Viajaste en avión.
14. Escribieron una carta.
15. Preguntasteis a todos.

LIÇÃO 11

A.

1. Van a comer en el campo con Lola y sus amigos.
2. Alberto habló con Lola ayer.
3. La llamó por teléfono anoche.
4. Van a ser cinco.
5. Sí, Lola dijo que iban a traer plátanos, naranjas, bizcocho, vino y galletas.
6. Compró todo en una tienda pequeña.
7. Preparó el postre, sacó platos, tenedores, cuchillos, cucharas, servilletas y todo, incluso el sacacorchos.
8. Dijo que sabía cocinar muy bien.
9. Cree que son el enemigo del medio ambiente.
10. Va a la panadería.

B.

1. Él le dio…
2. Fueron ellos…
3. Tuve…
4. No pudo …
5. Pagasteis demasiado…
6. No hizo…
7. Busqué…
8. Te diste…
9. Fuimos
10. No vino…
11. Estuvo…
12. Supe…

Respostas dos exercícios

C.

1. Dónde
2. sé
3. té
4. si
5. Mi
6. aun

LIÇÃO 12

A.

1. la	11. el	21. el	31. las
2. el	12. el	22. el	32. la
3. el	13. las	23. la	33. los
4. la	14. el	24. las	34. el
5. el	15. las	25. los	35. el
6. el	16. la	26. el	36. las
7. el	17. los	27. el	37. los
8. la	18. la	28. las	38. los
9. la	19. el	29. la	39. el
10. las	20. la	30. los	40. las

B.

1. Sacan muchas fotos.
2. Hablo con la secretaria.
3. Desayunamos allí.
4. Pagas demasiado.
5. Salen a las cinco.
6. Bebéis leche.
7. Escucha la radio.
8. Miramos el programa.
9. Compran pan.
10. No hacéis nada.
11. Dice algo.
12. Ponen otra película.
13. ¿Puede venir?
14. Das mucho.
15. Decimos la verdad.
16. Sé todo.
17. Conoce a Marta.
18. Busco el hotel.
19. Mandáis la carta.
20. Vamos allí.
21. Está en Londres.
22. Es profesor.
23. Llama por teléfono.
24. Contesto siempre.
25. Empieza tarde.

1. No, vamos a comprar pan.
2. No, va a volver.
3. No, van a llegar.
4. No, vamos a ir a Argentina.
5. No, voy a pagar.
6. No, van a hacer algo.
7. No, voy a comer allí.
8. No, vamos a tomar un taxi.

D.

1. Comíamos
2. Llegué
3. dijo
4. fuisteis
5. salió

LIÇÃO 13

A.

1. Quería saber dónde estaba el museo.
2. Sí, sabe dónde está.
3. Doblar a la derecha y después del semáforo tiene que pasar delante del hospital, tomar la primera a la izquierda y seguir todo recto. Al fondo encontrará el museo en frente.
4. No. Puede ir a pie.
5. Está detrás del colegio, después del puente.
6. No, no las ha sacado.

B.

1. ha viajado
2. han recibido
3. ha pagado
4. hemos vuelto
5. he descubierto
6. ha podido
7. habéis abierto
8. ha dicho
9. han hecho
10. has visto
11. he roto
12. han puesto
13. hemos hecho
14. habéis ido

C.

1. delante/enfrente
2. cerca
3. Entre
4. a mano derecha
5. lejos
6. Delante/enfrente
7. a diez minutos a pie
8. a dos kilómetros de aquí
9. Detrás
10. Después

D.

1. El castillo es más viejo que el ayuntamiento.
2. Es la ciudad más interesante de toda la región.
3. El hospital es el edificio más grande de la ciudad.
4. Es mi hermano mayor.
5. Son los mejores coches del mundo.

Respostas dos exercícios

LIÇÃO 14

A.

1. Están en casa de los Martínez.
2. Sr. Martínez está sirviendo café.
3. A David no le gusta el café.
4. Fue a Madrid.
5. No conoce Sevilla. Dice que antes de la Expo 92 no había oído hablar de Sevilla.
6. Porque las niñas del cuadro son las señoritas de la foto.

B.

1. francamente
2. realmente
3. desafortunadamente
4. concretamente
5. finalmente
6. rápidamente
7. lentamente
8. tristemente
9. solamente
10. simplemente
11. felizmente
12. completamente
13. maravillosamente
14. prácticamente
15. actualmente
16. evidentemente
17. lealmente
18. sinceramente
19. seguramente
20. ciertamente

C.

1. ...Ignacio había escrito la carta.
2. ...no lo había hecho.
3. ...habían pagado la cuenta.
4. ...el tren había entrado en la estación.
5. ...habían pedido dinero a su padre.
6. ...usted no había ayudado a sus primos.
7. ...habíamos leído el periódico.
8. ...no había llovido.
9. ...no había muerto el hijo.
10. ...habíamos comprado la casa.

D.

1. No había podido ir.
2. No habían sacado/comprado las entradas.
3. Anita había olvidado las fotos.
4. David no había oído hablar de Sevilla.
5. Los padres de Pablo habían escrito una carta.
6. Él había preparado el café.
7. Anita no había visitado Sevilla antes.
8. No habíamos tomado café.

Respostas dos exercícios

E.

1. Al llegar se sentó.
2. Me gusta mirar los periódicos.
3. Antes de comer tomamos/bebemos algo.
4. Después de visitar la ciudad, escribimos una carta.
5. Sin hacer una reserva, fue al aeropuerto.

LIÇÃO 15

A.

1. Quería saber si la señorita había visto una maleta.
2. Era pequeña, gris y roja.
3. Sí. Hacía media hora que la buscaba.
4. Cree que la encontrará en Objetos Perdidos.
5. Había salido a las ocho.
6. Iría a Objetos Perdidos. Preguntaría si tenían la maleta.

B.

1. … me darán…
2. ¿Te levantarás temprano?
3. … recibirá…
4. … comenzará…
5. Abriremos…
6. … tendréis que llamar...
7. … serán…
8. … haré…

C.

1. … estaré…
2. … visitarás…
3. … vendrán…
4. … nos quedaremos…
5. … tendrá…
6. … sabrán…
7. … podremos…
8. … diremos…

D.

1. Creyó que haría mucho frío en abril.
2. Les expliqué que no podría venir.
3. Me preguntaron por qué no estaría…
4. … quisierais saber a qué hora cerrarían las puertas.
5. Dijiste que volverías tarde.
6. Les pregunté si saldrían.
7. … quiso saber cuándo terminaría…
8. Creí que no tendríais suerte.

E.

1. Llueve desde hace diez minutos./ Hace diez minutos que llueve.
2. Vivimos aquí desde hace ocho años./ Hace ocho años que vivimos aquí.
3. ¿Estudiáis español desde hace cuánto tiempo?/ ¿Cuánto tiempo hace que estudiáis español?

Respostas dos exercícios

4. No trabaja desde hace cinco años./ Hace cinco años que no trabaja.
5. Espera desde hace una hora./ Hace una hora que espera.

LIÇÃO 16

A.

1. lejos
2. Tengo
3. a
4. salir
5. fui
6. Tú
7. No
8. podido
9. del
10. del
11. quiero
12. saldremos
13. Hace
14. tiene

B.

1. No, no he podido sacar las entradas.
2. No, no miro nada.
3. No, nadie quiere ayudarle.
4. No, no tienen/tenemos ninguna idea del problema.
5. No, nunca pasa esto.

C.

1. ¿Qué ha dicho usted?
2. No he podido olvidarlo.
3. Nos hemos levantado a las siete.
4. Hemos bebido todo el vino.
5. No ha llamado nadie.
6. ¿Usted ha venido en coche?

D.

1. ¿Estoy bebiendo el suyo?
2. Vamos a vender la nuestra.
3. ¿Ha oído los míos?
4. Dejamos las vuestras en el hotel.
5. ¿Es éste el suyo?
6. Has perdido las tuyas.

E.

1. El teatro es más interesante que el cine.
2. Es el mejor vino del mundo.
3. Mi hermano mayor es más alto.
4. Conduce/Maneja más rápidamente que yo.
5. Eres el peor alumno del colegio.

Respostas dos exercícios

F.

1. Mi prima está viajando mucho este mes.
2. La secretaria está hablando francés ahora mismo.
3. El agente está ayudando a muchas personas hoy.
4. Los italianos están comprando muchos helados este verano.
5. Vuestros sobrinos están leyendo libros interesantes hoy mismo.

G.

1. Hablo español desde hace seis semanas./ Hace seis semanas que hablo español.
2. Sé usar el ordenador desde hace un mes./ Hace un mes que sé usar el ordenador.
3. Compran café descafeinado desde hace un año y medio./ Hace un año y medio que compran café descafeinado.
4. Estaba enfermo desde hacía varios años./ Hacía varios años que estaba enfermo.

LIÇÃO 17

A.

1. Don Ignacio está allí porque es médico.
2. Anita y David están allí.
3. Le duele casi todo: el vientre, la espalda, la garganta. También le duelen los oídos.
4. Dice que ella tiene que volver a casa, tomar un libro, leer, descansar, comer mucha fruta y carne, muchas proteínas y vitaminas. Tiene que acostarse temprano y levantarse tarde. No debe ni beber alcohol, ni pensar en el trabajo.
5. No, no le da medicina.
6. Es simplemente estrés.
7. Los estudiantes tienen esa enfermedad, sobre todo cuando hay exámenes.
8. "No tomes alcohol".

B.

1. toma, tomad
2. bebe, bebed
3. descansa, descansad
4. llega, llegad
5. sal, salid
6. ven, venid

C.

1. tomes
2. fumes
3. hables
4. mires
5. contestes
6. llegues

D.

1. el tuyo, el suyo
2. las nuestras, las tuyas
3. la mía, la vuestra
4. los suyos, las suyas
5. los míos, los suyos

Respostas dos exercícios

LIÇÃO 18

A.

1. "¿Qué desea?"
2. Dice que quiere probarse unos zapatos.
3. Quiere el cuarenta y cuatro.
4. Cree que sería buena idea probar otro estilo.
5. Es esencial que sean negros, que no tengan el tacón demasiado grande y que no cuesten demasiado.
6. Necesita la sección de regalos o recuerdos.

B.
1. abra
2. bebáis
3. reserves
4. compren
5. lleguen
6. prueben
7. paguéis
8. busques

C.
1. venga
2. acepten
3. prefieras
4. visitemos
5. viva
6. podáis
7. tengamos
8. funcione
9. prepare
10. vayan

LIÇÃO 19

A.

1. ¡Buen provecho!
2. Están cenando en un restaurante.
3. Hay vasos, copas, cuchillos, cucharas, tenedores, vino, agua mineral, croquetas, aceitunas, butifarra, jamón, pulpo, chorizo y calamares.
4. Es el médico de Anita y de David.
5. Anita y David habían estado enfermos.
6. Hace unos días que está enferma.

B.

1. tenga
2. diga
3. quiera
4. pueda
5. guste
6. teman
7. prefieran
8. sea
9. interese
10. tengan

Respostas dos exercícios

C.

1. quieran
2. sean
3. sea
4. hable
5. ayude
6. aconseje
7. quiera
8. comprenda
9. tenga
10. esté

LIÇÃO 20

A.

1. Dijeron que no habían podido hacerlo.
2. Le dijo a su amigo que había mucha gente en el consultorio.
3. Le dije que había escrito la carta.
4. Les dijimos que el tren había salido.
5. Mi novia dijo que ya no quería casarse conmigo.

B.

1. aprendan
2. seáis
3. venga
4. tome
5. tenga
6. paguen
7. sigan
8. haya
9. esté
10. sepan

C.

1. Están tristes de que no les pueda/puedas visitar este año.
2. ¿Quieren que compre el vino tinto?
3. Mi profesor está contento de que quiera estudiar mucho.
4. Le dice al camarero que traiga los calamares.
5. Les piden a Marta y a Carmen que no lleguen tarde.
6. Nuestros amigos quieren que probemos la butifarra.
7. No conozco a nadie que sepa dónde está.
8. No conocemos a nadie que venga.
9. No conozco a nadie que se levante temprano.
10. No conoce a nadie que no tenga la gripe.
11. Me dice que yo decida.
12. No hay nada que me guste más.
13. Es probable que lleguen esta noche.
14. Es mejor que usted vuelva/tú vuelvas a casa.
15. Es posible que tengáis que quedar aquí.
16. Más vale que no hablen ustedes.
17. Es posible que me hayan visto.
18. ¿Es posible que hayamos llegado?
19. Es necesario que venga enseguida.
20. No hay nada más que se pueda hacer.

Respostas dos exercícios

21. No creo que el intérprete llegue a las nueve.
22. Dudo que sea verdad.
23. Quiere hablar conmigo antes de que lleguéis.

D.

1. … haga…
2. … seas…
3. … vuelvan…
4. … haya…
5. … te vayas…
6. … tenga…

E.

1. Mire.
2. Oiga, es Juan.
3. Diga.
4. No sea malo.

F.

1. Pedid otro café.
2. Explicádmelo.
3. No fuméis.
4. Volved por aquí.

G.

1. No digan eso.
2. Pidan otro te.
3. Busquen un taxi.
4. Suban hasta el cruce.

H.

1. Baja al centro.
2. Saca las entradas.
3. Levántate.
4. Prueba estos zapatos.

GLOSSÁRIO

a: a; preposição que antecede complemento de pessoa
(a) la izquierda: à esquerda
(a) la derecha: à direita
a pie: a pé
¿a qué hora?: a que horas?
a x metros: a X metros
abajo: abaixo
abril: abril
abrir: abrir
abuela: avó
abuelo: avô
aburrirse: entediar-se
acabar de (+ infin.): acabar de
acabar: acabar
aceituna: azeitona
acordarse (ue): lembrar-se
acostarse (ue): deitar-se
actual: atual
además: ademais, além de
¡Adiós!: Adeus!
adjetivo: adjetivo
aeropuerto: aeroporto
agente: agente
agosto: agosto
agua: água
agua mineral con gas: água mineral com gás
agua mineral sin gas: água mineral sem gás
ahora: agora
ahora mismo: agora mesmo
ahorrar: poupar, economizar
al: ao (a + el)
al (+ infin.): ao (+ infinitivo)
al fondo (de): no fundo de
alcohol: álcool
alemán, alemana: alemão, alemã
algo: algo
alguien: alguém
allí: ali
allí mismo: ali mesmo
almacén: armazém
almuerzo: almoço
alquilar: alugar
alto, alta: alto, alta
amable: amável
amiga: amigo
amigo: amiga
ancho, ancha: largo, larga
año: ano
anteayer: anteontem
antibiótico: antibiótico

Glossário

antiguo, antigua: antigo, antiga
anuncio: anúncio
apartamento: apartamento
apendicitis: apendicite
apetecer: apetecer, desejar
apropiado, apropiada: apropriado, apropriada
aquel, aquella: aquele, aquela (longe de nós)
aquello: aquilo (longe de nós, neutro)
aquí: aqui
aquí tiene: aqui está (quando entregamos algo a alguém)
argentino, argentina: argentino, argentina
arriba: acima
asado, asada: assado, assada
ascensor: elevador
así: assim
atrevido, atrevida: atrevido, atrevida
autobús: ônibus
autoridad: autoridade
avión: avião
ayuntamiento: prefeitura
azúcar: açúcar
azul: azul

bajar: baixar, descer
bañarse: tomar banho
banco: banco
baño: banheiro
barato, barata: barato, barata
bastante: bastante
bastar: bastar, ser suficiente
¡Basta de tonterías!: Chega de besteira!
bebé: nenê, bebê
bien: bem
billete: passagem
bizcocho: bolo
blanco, blanca: branco, branca
blusa: blusa
boleto: passagem (América Latina)
bolígrafo: caneta
bollo: pão doce
bolso: bolsa
bolsa de plástico: sacola
bonito, bonita: bonito, bonita
brasileño, brasileña: brasileiro, brasileira
bueno, pues: bom, pois
bueno, buena: bom, boa
buenos días: bom dia
buscar: buscar, procurar
butifarra: salsicha

cabeza: cabeça
caer: cair
café con leche: café com leite
café solo: café puro
cafeína: cafeína
calamares: lula

Glossário

calle: rua
calmantes: calmantes
cama: cama
campo: campo
¡Caramba!: Caramba!
carne: carne
carnet de identidad: carteira de identidade
caro, cara: caro, cara
carro: carro
carta: carta
casarse: casar-se
casi: quase
caso: caso
castillo: castelo
catedral: catedral
celebrar: celebrar
cena: ceia, jantar
cenar: jantar
centro: centro
cerca (de): perto de
cero: zero
cerquita: pertinho (diminutivo de **cerca**)
cerrar: fechar
cerveza: cerveja
¡Chau!: Tchau!
chica: menina, moça, garota
chico: menino, moço, garoto
chileno, chilena: chileno, chilena
chino, china: chinês, chinesa
chorizo: linguiça
cielo: céu
cierto, cierta: verdadeiro, verdadeira
cigarrillo: cigarro
cinco: cinco
cine: cinema
cita: compromisso
ciudad: cidade
¡Claro!: É claro!
clase: aula
cliente, clienta: cliente
coche: carro
cocinar: cozinhar
colegio: colégio
color: cor
comedor: sala de jantar
comer: comer
¿cómo?: como?
comida: comida, refeição
comparación: comparação
comparativo: comparativo
completo, completa: completo, completa
complicado, complicada: complicado, complicada
comprar: comprar
común: comum
con: com
con vista al mar: com vista para o mar

Glossário

concreto, concreta: concreto, concreta
condición: condição
conducir: dirigir
conocer: conhecer
consejos: conselhos
consulta: consulta
contar (ue): contar
contener (ie): conter
contenido: conteúdo
contestar: responder
contrario, contraria: contrário, contrária
convencer: convencer
convencido, convencida: convencido, convencida
conviene que: convém que
copa: taça
correo electrónico: e-mail
Correos: correios
cosa: coisa
costar (ue): custar
croqueta: croquete
cruce: cruzamento
cruzar: cruzar, atravessar
cuadro: quadro
cuando: quando
¿cuándo?: quando?
¿cuánto, cuánta?: quanto?, quanta?
cuarto, cuarta: quarto, quarta
cuatro: quatro
cuchara: colher
cuchillo: faca
cuenta: conta (em um bar ou restaurante)
cuestión: questão
curioso, curiosa: curioso, curiosa
curso: curso

dar: dar
darse cuenta de: perceber, dar-se conta
de: de
de acuerdo: de acordo
de repente: de repente
de prisa: às pressas
de todas formas: de qualquer forma
deber: dever
décimo, décima: décimo, décima
decir: dizer
del: do (de + el)
delante (de): diante de
demasiado, demasiada: demais
dentro (de): dentro de
dependiente: balconista, vendedor
dependienta: balconista, vendedora
derecha: direita
desafortunado, desafortunada: desafortunado, desafortunada
desaparecer: desaparecer
desayunar: tomar café da manhã
desayuno: café da manhã

Glossário

descafeinado: café descafeinado
descansar: descansar
desde: desde
desde hace: desde (período de tempo), há (tempo)
desde luego: é claro
desear: desejar
desesperadamente: desesperadamente
desesperado, desesperada: desesperado, desesperada
desgraciadamente: infelizmente
despacio: devagar
despertarse(ie): despertar-se, acordar
después (de): depois
después: depois
después de: depois de (+ infinitivo)
determinado, determinada: determinado, determinada
detrás (de): atrás de
día: dia
diálogo: diálogo
diciembre: dezembro
diez: dez
diferente: diferente
difícil: difícil
dinero: dinheiro
dirección: endereço
dirección de correo electrónico: endereço de e-mail
distinto, distinta: diferente, distinto
divertirse (ie): divertir-se
doblar: dobrar, virar
doble: duplo, dupla
doce: doze
dólar: dólar
doler (ue): doer
dolor: dor
domingo: domingo
dormitorio: dormitório
Don: senhor, forma de respeito, usa-se com o primeiro nome
Doña: senhora, forma de respeito, usa-se com o primeiro nome
¿dónde?: onde?
¿adónde?: aonde?
dos: dois
ducharse: tomar uma ducha

e: e (colocar e antes de **i-**, **hi-**)
echar: jogar, pôr
económico, económica: econômico, econômica
edificio: prédio
ejemplo: exemplo
ejercicio: exercício
él: ele
el: o (masc. sing.)
ella: ela
empezar: começar
empleada: funcionária (feminino)
empleado: funcionário (masculino)
en casa: em casa

Glossário

en cuanto: assim que
en: em
en serio: a sério
en total: no total
en voz alta: em voz alta
enamorado, enamorada: apaixonado, apaixonada
encantado, encantada: prazer em conhecê-lo(a)
encantar: encantar
encontrar (ue): encontrar
enemigo, enemiga: inimigo, inimiga
energía: energia
enero: janeiro
enfermedad: doença
enfrente (de): em frente
ensalada: salada
entonces: então
entrada: entrada, ingresso para um show
entre: entre
equipaje: bagagem
escalera: escadas
escalera mecánica: escada rolante
escribir: escrever
escritorio: escrivaninha
escuchar: escutar
escuela: escola
escuela de idiomas: instituto de idiomas
ese, esa: esse, essa (perto de você)
eso: isso (perto de mim, neutro)
espalda: costas
español, española: espanhol, espanhola
esperar: esperar
esposa: esposa
esposo: marido
esquiar: esquiar
está bien: está bem
está en su casa: sinta-se em casa
estación: estação
estar: estar
estar citado, citada: ter um encontro, compromisso
estar de moda: estar na moda
estar de viaje: estar viajando
estar nervioso, nerviosa: irritar-se
estar sentado, sentada: estar sentado, sentada
Este: Leste
este, esta: este, esta (perto de mim)
estilo: estilo
estrecho, estrecha: estreito, estreita
estrés: estresse
estudiar: estudar
estupendo, estupenda: ótimo
etcétera: etc.
Europa: Europa
exactamente: exatamente
examen: exame
explicar: explicar

Glossário

fácil: fácil
falda: saia
familia: família
famoso, famosa: famoso, famosa
fatal: péssimo
febrero: fevereiro
feliz: feliz
femenino, femenina: feminino, feminina
ficha: ficha
fiebre: febre
fiebre glandular: febre glandular
fiesta: festa
fin de semana: fim de semana
foto: foto
francamente: francamente
francés, francesa: francês, francesa
fruta: fruta
fuente: fonte
fuera: fora
fumar: fumar
funcionar: funcionar
furioso, furiosa: furioso, furiosa

galleta: bolacha
garaje: garagem
garganta: garganta
gasolina: gasolina
gente: gente
gracias: obrigado, obrigada
gran: grande (antes de um substantivo masc. sing.)
grandes almacenes: loja de departamentos
grande: grande
gripe: gripe
gris: cinza
guapo, guapa: bonito, bonita
guía: guia
gusto: gosto

habitación: quarto, dormitório
hablar por teléfono: falar ao telefone
hablar: falar
hace (+ período de tempo) que: faz (+ período de tempo) que
hace: faz (faz tempo)
hace buen tiempo: fazer bom tempo
hace mal tiempo: fazer mau tempo
hacer calor: fazer calor
hacer ceremonias: fazer cerimônia
hacer cola: fazer fila
hacer falta: precisar
hacer frío: fazer frio
hacer las compras: fazer compras
hacer sol: fazer sol
hacer viento: ventar
hacia: para

Glossário

hasta: até
¡Hasta luego!: Até logo!
hay que (+ infin.): é preciso (+ infinitivo)
hermano, hermana: irmão, irmã
hermoso, hermosa: belo, bela
hija: filha
hijo: filho
¡Hola!: Olá!
hombre: homem
hora: hora
hospital: hospital
hotel: hotel
hoy: hoje

idea: ideia
ideal: ideal
idioma: idioma
igual: igual
imperfecto: imperfeito
impermeable: capa de chuva
importante: importante
incluso: inclusive
individual: individual
infinitivo: infinitivo
información: informação
inglés, inglesa: inglês, inglesa
inmediatamente: imediatamente
inmediato, inmediata: imediato, imediata
inmenso, inmensa: imenso, imensa
insistir: insistir
inteligente: inteligente
interesante: interessante
interesar: interessar
intérprete: intérprete
invitar: convidar
ir: ir
ir a pie: ir a pé
ir de viaje: viajar
irse: ir embora
italiano, italiana: italiano, italiana
izquierda: esquerda

japonés, japonesa: japonês, japonesa
jardín botánico: jardim botânico
jardín: jardim
jefa: chefa (feminino)
jefe: chefe (masculino)
jueves: quinta-feira
julio: julho
junio: junho
junto, junta: junto, junta

la: a (fem. sing.)
lápiz: lápis
las: as (fem. plural)

Glossário

lavar: lavar
lavarse: lavar-se
leal: leal
leche: leite
leer: ler
lejos (de): longe de
lección: lição
levantarse: levantar-se
libra esterlina: libra esterlina
libro: livro
limón: limão
lista: lista
listo, lista: pronto, pronta
llamar por teléfono: fazer uma ligação
llamar: chamar, ligar
llamarse: chamar-se
llave: chave
llegar: chegar
llevar: levar, vestir, ter uma boa relação (llevarse bien)
llover (ue): chover
lo (+ adj.): o (+ adj.)
lo siento: sinto muito
loco, loca: louco, louca
Londres: Londres
los: os (masc. plural)
lugar: lugar
lunes: segunda-feira

madre: mãe
magnífico, magnífica: magnífico, magnífica
maleta: mala
malo, mala: mau, má
mañana: amanhã
mandar por fax: mandar por fax
mandar: mandar, enviar
manejar: dirigir [Am. Lat.]
mano: mão
mantequilla: manteiga
mapa: mapa
mar: mar
maravilla: maravilha
maravilloso, maravillosa: maravilhoso, maravilhosa
marido: marido
marrón: marrom
martes: terça-feira
marzo: março
más vale que: é melhor do que
masculino, masculina: masculino, masculina
mayo: maio
me encanta: adoro
medicina: remédio
médico, médica: médico, médica
medio ambiente: meio ambiente
mejor: melhor
mejorarse: melhorar
menos cuarto: um quarto (quinze) para

Glossário

mermelada: marmelada, geleia
mes: mês
metro: metrô
mexicano, mexicana: mexicano, mexicana
mi (s): meu(s), minha(s)
mientras tanto: enquanto
miércoles: quarta-feira
mío, mía: meu(s), minha(s)
mirar: olhar
mismo, misma: mesmo, mesma
moda: moda
momentito: um momentinho
momento: momento
monedero: porta-moedas
montar a caballo: montar a cavalo
monumento: monumento
morir (ue): morrer
mostrar (ue): mostrar
moto: moto
mucho gusto: muito prazer
mucho, mucha: muito, muita
mueble: móvel
muebles: móveis
mujer: mulher
museo: museu
muy: muito

nacionalidad: nacionalidade
nada: nada
nadie: ninguém
naranja: laranja
necesario, necesaria: necessário, necessária
negro, negra: preto, preta
nevar: nevar
¡Ni hablar!: Nem pensar!
ni mucho menos: longe disso
nieta: neta
nieto: neto
nieve: neve
no... en absoluto: em absoluto, de modo algum
no es verdad: não é verdade
no hay de qué: não há de que, de nada
no me apetece: não quero, não estou a fim
no: não
¡No me diga!: Não me diga!
no... todavía: não... ainda
noche: noite
nombre: nome
Noreste: Nordeste
normal: normal
normalmente: normalmente
noroeste: Noroeste
norte: Norte
nosotras: nós (fem.)
nosotros: nós (masc.)
noveno, novena: nono, nona

Glossário

novia: namorada, noiva
noviembre: novembro
novio: namorado, noivo
nube: nuvem
Nueva York: Nova York
nueve: nove
nuevo, nueva: novo, nova
número: número

o: ou
o sea...: ou seja...
objetos perdidos: objetos perdidos, achados e perdidos
obra: obra, peça
obras: obras
ocho días: oito dias
ocho: oito
octavo, octava: oitavo, oitava
octubre: outubro
Oeste: Oeste
oficina: escritório
oídos: ouvidos
oír hablar de: ouvir falar de
ojo: olho
olvidar: esquecer
once: onze
ordenador: computador
os: vosso (obj. plural, reflexivo pl.)
otro poco: um pouco mais
otro, otra: outro, outra

padre: pai
padres: pais
página: página
país: país
pan: pão
panadería: padaria
pantalón: calça
paquete: pacote
par: par
para: para
paraguas: guarda-chuva
París: Paris
parque: parque
pasado mañana: depois de amanhã
pasaporte: passaporte
pasar: passar
pasarlo bien: passar bem
pasear: passear
paseo: passeio
pasteles: bolo
pedir (i): pedir
película: filme
peligro: perigo
pensar (ie) en (+ infin): pensar em (+ inf.)
pensar (ie): pensar
pensar de: pensar de (opinião)

Glossário

pensión: pensão, pousada
peor: pior
pequeño, pequeña: pequeno, pequena
perder (ie): perder
¡Perdone!: Desculpe!
perfecto, perfecta: perfeito, perfeita
perfecto: perfeito (tempo verbal)
periódico: jornal
pesadilla: pesadelo
pesar: pesar
peso: peso
petróleo: petróleo
pierna: perna
piso: apartamento, andar
plano: guia de ruas
planta baja: térreo
plástico: plástico
plátano: banana
plato: praça
playa: praia
plaza: praça
plomo: chumbo
plural: plural
poder: poder
pollo asado: frango assado
pollo: frango
poner: pôr
por: por
por aquí: por aqui
por avión: de avião
por eso: por isso
por favor: por favor
por la mañana: pela manhã
por lo general: em geral
por lo tanto: portanto
por supuesto: é claro
por todas partes: por todo lugar
porque: porque
postal: cartão-postal
postre: sobremesa
prácticamente: praticamente
práctico, práctica: prático, prática
preferir (ie): preferir
pregunta: pergunta
preparar: preparar
prepararse: preparar-se
preposición: preposição
presentación: apresentação
primo, prima: primo, prima
probar (ue): provar, experimentar
problema: problema
profesor, profesora: professor, professora
programa: programa
pronto: logo
propina: gorjeta
proteína: proteína

Glossário

prudente: prudente
pueblo: povoado
puente: ponte
puerta: porta
pues: pois
pulpo: polvo
puntual: pontual

que: que, cujo(a)
¿qué?: quê?
¡Que aproveche!: Bom apetite!
¡Qué cosa!: incrível!
¿Qué desea?: O que deseja?
¡Qué horror!: Que horror!
¡Qué suerte!: Que sorte!
¿Qué tal?: Como vai?, Tudo bem?
¡Qué susto!: Que susto!
¿Qué tiempo hace?: Como está o tempo?
¡Qué tontería!: Que bobagem!
¡Qué va!: De jeito nenhum!
quedarse: ficar
¿quién(es)?: quem?
querer: querer
quince días: quinze dias
quinto, quinta: quinto, quinta
quisiera: gostaria de
quitar: tirar

radio: rádio
rápidamente: rapidamente
rápido, rápida: rápido, rápida
realmente: realmente
recepción: recepção
recepcionista: recepcionista
reciclaje: reciclagem
recipiente: recipiente
reconocimiento: exame médico
refrán: provérbio, ditado
regalar: presentear
regalo: presente
Reino Unido: Reino Unido
rellenar: encher, preencher
reserva: reserva
restaurante: restaurante
resuelto, resuelta: resolvido, resolvida
resultado: resultado
rey: rei
rico, rica: rico, rica
ridículo, ridícula: ridículo, ridícula
río: rio
risa: risada
rogar: rogar
rojo, roja: vermelho, vermelha
rosa: rosa
ruso, rusa: russo, russa

Glossário

sábado: sábado
saber: saber
sacacorchos: saca-rolhas
sacar fotos: tirar fotos
sacar las entradas: comprar os ingressos
sacar: tirar
sala de espera: sala de espera
sala de estar: sala de estar
salir: sair, partir
salud: saúde
¡Salud!: Saúde!
se: se, substitui o OI le quando acompanha um OD **lo(s), la(s)**
secretario, secretaria: secretário, secretária
según: segundo
segundo, segunda: segundo, segunda
seguro, segura: seguro, segura
seis: seis
sello: selo
semáforo: semáforo
Semana Santa: Semana Santa
señor: senhor
señora: senhora
señorita: senhorita
sentado, sentada: sentado, sentada
sentir (ie): sentir
septiembre: setembro
séptimo, séptima: sétimo, sétima
ser: ser
servilleta: guardanapo
servir (i): servir
servirse (i): servir-se
sesión de noche: sessão da noite
sesión de tarde: sessão da tarde
sexto, sexta: sexto, sexta
si: se
sí: sim
siesta: sesta
siete: sete
simpático, simpática: simpático, simpática
simple: simples
sin: sem
sincero, sincera: sincero, sincera
sobrino, sobrina: sobrinho, sobrinha
sofá: sofá
solo, sola: sozinho, sozinha
su(s): seu(s), sua(s)
subir: subir
sucio, sucia: sujo, suja
Sudeste: Sudeste
suelto: trocado
suéter: suéter
superlativo: superlativo
supermercado: supermercado
sur: Sul

Glossário

susto: susto
suyo, suya: seu, sua

tacón: salto
tal vez: talvez
tambien: também
tampoco: tampouco
tanto: tanto
tapas: petisco, aperitivo
tardar (en + infin.): tardar (em + inf.), demorar em fazer algo
tarde: tarde
tarifa: tarifa
taxi: táxi
te: te (obj. sing. reflexivo sing.)
teatro: teatro
telefonear: ligar
teléfono: telefone
televisor: televisão
temer: temer
temprano: cedo
tener ganas de: ter vontade de
tenderse (ie): deitar-se
tenedor: garfo
tener: ter
tener calor: estar com calor
tener frío: estar com frio
tener hambre: estar com fome
tener que: ter que
tener razón: ter razão
tener sed: estar com sede
tener suerte: ter sorte
tener X años: ter X anos
terraza: terraço
terraza de un café: cafeteria ao ar livre
tío, tía: tio, tia
tienda: loja
tíos: tios
todo recto: reto
todo, toda: tudo, todo, toda
todos los días: todos os dias
tomar: tomar
toro: touro
tostada: torrada
total: total
totalmente: totalmente
trabajo: trabalho, emprego
traer: trazer
tranquilo, tranquila: tranquilo, tranquila
tratar de (+ infin.): tentar (+ inf.)
tren: trem
tres: três
triste: triste
tú: tu, você

Glossário

u: ou (antes de **o-, ho-**)
un momento: um momentinho
un poco: um pouco
un poquito: um pouquinho
único, única: único, única
uno: um
uso: uso
usted: o senhor, a senhora (formal)
ustedes: os senhores, as senhoras (plural)

vaca: vaca
vacaciones: férias
valer: valer
valor: valor
vaso: copo
veinte: vinte
veinticinco: vinte e cinco
venezolano, venezolana: venezuelano, venezuelana
venir: vir
ver: ver
verbo: verbo
verdad: verdade
¿verdad?: sério? verdade?
verde: verde
viajar: viajar
viaje: viagem
viajero, viajera: viajante
vidrio: vidro
vientre: ventre
viernes: sexta-feira
vino: vinho
visitar: visitar
vista: vista
vitamina: vitamina
vivir: viver
vocabulario: vocabulário
volver a (+ infin.): voltar a (+ inf.)
volver: voltar
vosotros, vosotras: vós, vocês (informal, plural)
vuestro, vuestra: vosso, vossa

y: e
y cuarto: e quinze
y media: e meia
ya está: já está
ya: já

zapato: sapato
zapatillas de deporte: tênis